Administrator Praxis
Grundlagen PowerShell

Nicole Laue

Administrator Praxis
Grundlagen PowerShell

Verlag Nicole Laue

Bibliografische Information der Deutschen Bibliothek:
Die Deutsche Bibliothek verzeichnet diese Publikation in der Deutschen Nationalbibliografie; detaillierte bibliografische Daten sind im Internet über http://dnb.ddb.de abrufbar.

Herstellung: BOD, Books on Demand, Norderstedt
Titelfoto: iStock.com
ISBN: 978-3947938-01-8

Inhaltsverzeichnis

1 Grundlagen PowerShell

1.1 Windows PowerShell

Bevor wir in die Grundlagen der PowerShell einsteigen, lassen Sie uns einen Blick auf die Entwicklung werfen.

Die PowerShell wurde entwickelt, um Administratoren eine Möglichkeit zu geben, die Befehlszeile auch für komplexere Anforderungen zu nutzen und mehrere Befehle miteinander verknüpfen zu können.

Programmierer dagegen sollten die Oberfläche nutzen können, um Skripte erstellen zu können.

Das Ziel der PowerShell war also, eine Skriptsprache zu entwickeln, mit der die Windows-Verwaltung komplett automatisiert werden konnte.

Sie könnten jetzt die Frage stellen, warum ein neues System entwickelt werden sollte, wo es doch die Befehlszeile gibt, warum also eine andere Lösung?

Der Grund ist, dass die Befehlszeile ein Relikt aus alten Zeiten ist.

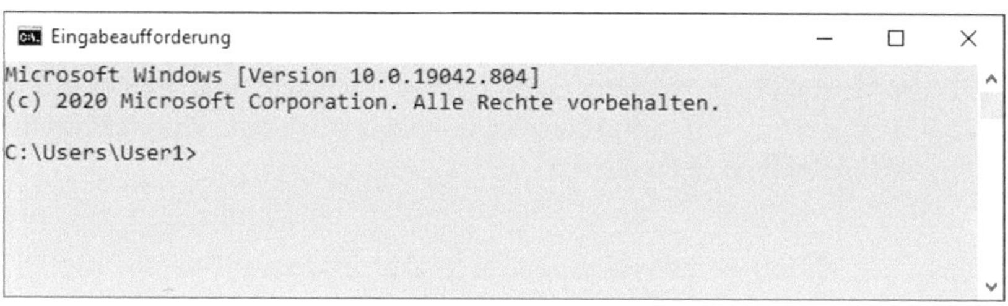

Abbildung 1.1: Befehlszeile

Sie ist schon seit den MS-DOS Zeiten an Bord jedes Betriebssystems und erlaubt nur einen eingeschränkten Satz an Befehlen.

Mit ihrer Hilfe können Sie zwar Standardbefehle ausführen und sie besitzt sogar eine einfache Skriptsprache zum Automatisieren dieser Befehle, aber mit der Befehlszeile können Sie bei Weitem nicht alle benötigten Anforderungen ausführen, die durch die Weiterentwicklung des Betriebssystems entstanden sind.

Ein weiteres Problem der Befehlszeile ist, dass sie immer bei Bedarf einige weitere Befehle erhalten hat, und deswegen in der Bedienung nicht konsistent ist.

Microsoft hat den Bedarf einer einheitlichen Plattform, mit der auch komplexe Verwaltungsaufgaben automatisiert werden können, im Jahr 2002 erkannt und das „Monad-Projekt“ in Angriff genommen.

1.1.1 Monad-Projekt

Um ein Projekt beginnen zu können, musste erst einmal das Problem genau definiert werden.

Hierbei wurde der Ansatz gewählt, dass es einerseits in Windows bereits Verwaltungstools gibt, die oft in einer GUI zu finden sind, und natürlich auch die eben bereits erwähnte Befehlszeile mit ihren bekannten Einschränkungen. Diese Tools sind oft sehr einfach und dadurch für eine alltägliche Administration geeignet, bieten aber keine ausreichenden Möglichkeiten für komplexere Verwaltungsaufgaben.

Auf der anderen Seite gab es im Programmiererbereich eine Vielzahl von Programmiersprachen, mit deren Hilfe Anwendungen erstellt werden können, wenn man diese Sprachen beherrscht.

Mithilfe dieser Programmiersprachen ist es natürlich auch immer schon möglich gewesen, Verwaltungstasks zu automatisieren. Dies erforderte aber hochspezialisierte Fachleute.

Genau der Mittelweg zwischen diesen beiden Extremen war das Ziel des Monad-Projekts.

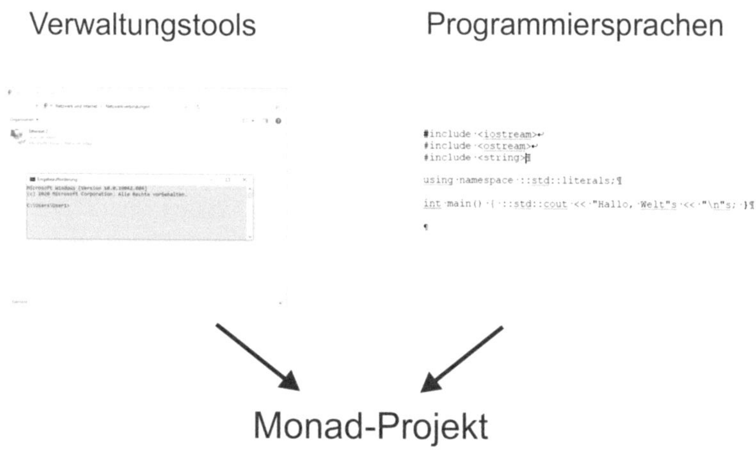

Abbildung 1.2: Monad-Projekt

Es wurden weitere wichtige Punkte festgelegt, darunter auch

- Keine unstrukturierten Texte in Ein- und Ausgabe, sondern definierte Objekte, wie sie auch in Programmiersprachen benutzt werden
- Dadurch Schaffung eines plattformunabhängigen Standards
- Ausführung auch auf Remotecomputern möglich
- Grafische Oberfläche möglich

Sie sehen, das Projekt war recht anspruchsvoll und das Ergebnis begleitet uns bis heute.

Es ist die Windows PowerShell.

1.1.2 Weitere Entwicklung

Im Jahr 2006 wurde der Name auch offiziell in „PowerShell" geändert.

Danach ging die Entwicklung rasant weiter.

Der Exchange Server 2007 ist das erste Produkt, das komplett mit der PowerShell administriert wird, und dessen grafische Benutzeroberfläche ebenfalls komplett auf die PowerShell aufsetzt.

Mittlerweile ist die PowerShell nicht nur für Windows-Systeme erhältlich und in den Betriebssystemen bereits integriert, sondern auch für die Betriebssysteme MacOS und Linux.

Sie hat damit einen Siegeszug durch alle bekannten Plattformen angetreten und ist aus dem Administrationsalltag nicht mehr wegzudenken.

Werfen wir einen Blick auf die Entwicklung der Versionen im zeitlichen Kontext.

2006, Windows PowerShell 1.0

Dies ist das Grundgerüst und nur auf Windows Systemen verfügbar.

Es gibt bereits eine Skriptsprache, es können bereits Befehle für Dateisystem oder Registry erstellt werden.

Alle Cmdlets basieren ausschließlich auf .NET. Der Remotezugriff ist noch eingeschränkt.

2009, Windows PowerShell 2.0

Das Erstellen von Cmdlets wird vereinfacht, Cmdlets können als Skripte geschrieben werden.

Eingeführt werden die PowerShell ISE und PowerShell Remoting.

2012, Windows PowerShell 3.0

Weiterentwicklung, zusätzlich zu .NET kann nun auch auf die Befehle von CIM (Common Information Model) und JSON (JavaScript Object Notation) zugegriffen werden.

2013, Windows PowerShell 4.0

Stetige Weiterentwicklung, Einführung von Desired State Configuration (DSC).

2015, Windows PowerShell 5.0

Weitere Verbesserungen. In der PowerShell ISE können Skripte nun auch in Sitzungen auf entfernten Computern geändert werden.

2016, Windows PowerShell 5.1

Windows PowerShell ist fertig entwickelt, dies wird die letzte neue Version sein. Die aktive Weiterentwicklung ist beendet.

Mit dem Nano-Server 2016 wird die PowerShell 5.0 eingeführt, sie hat das Wort „Windows“ nicht im Namen und ist nur auf dieser Plattform lauffähig.

2018, PowerShell Core 6.0

Dies ist ein revolutionärer Schritt, denn PowerShell Core ist plattformübergreifend, und läuft auf Windows, MacOS und Linux.

Die Basis der Cmdlets ist .Net Core 2.0 und der Leistungsumfang ist stark reduziert gegenüber Windows PowerShell 5.1.

2018, PowerShell Core 6.1

Die plattformoffene Version wird schnell weiterentwickelt und um viele Cmdlets erweitert.

2020, PowerShell 7

Nun werden die beiden Welten *Windows* PowerShell und PowerShell *Core* zusammengeführt.

Damit wird gezeigt, dass diese Version der Nachfolger von beiden Entwicklungszweigen ist.

Die PowerShell 7 basiert auf .NET 5.

Momentan hat die plattformübergreifende PowerShell noch etwas weniger Funktionen auf Windows Systemen als die integrierte Windows PowerShell 5.1, aber an diesem Manko wird gearbeitet.

1.1.3 .NET Framework

Was ist nun dieses .NET Framework, auf dem die PowerShell basiert?

Die offizielle Definition von Microsoft ist „.NET Framework ist eine verwaltete Ausführungsumgebung für Windows, die eine Vielzahl von Diensten für die darin ausgeführten Apps bereitstellt.“

Ok, aber was bedeutet das?

Das .NET Framework ist eine Software, die mittlerweile automatisch mit dem Windows-Betriebssystem ausgeliefert wird.

Diese Software besteht aus zwei Teilen:

- CLR (Common Language Runtime)
- .NET Framework-Klassenbibliothek

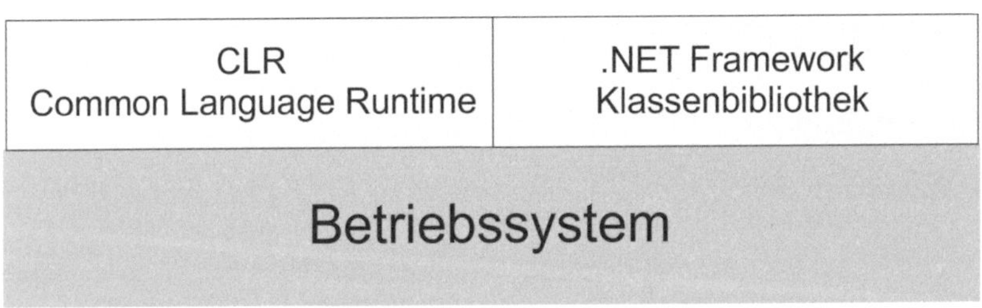

Abbildung 1.3: .NET Framework

CLR (Common Language Runtime)

Beginnen wir mit der CLR (Common Language Runtime).

Dieser Teil ist sehr einfach zu verstehen, das ist eine Art Schnittstelle zwischen einem Programm, einer App und dem Betriebssystem, die die Ausführung der Anwendung ermöglicht.

Programme sind im Prinzip Anweisungen zur Ausführung bestimmter Befehle auf dem Computer.

Wenn Sie nun ein Programm installieren, das mit einer Programmiersprache erstellt ist, die auf .NET basiert, wird bei der Installation des Programms das .NET Framework unter Umständen automatisch mit installiert, sollte es auf dem Computer noch nicht vorhanden sein.

Die Common Language Runtime ermöglicht nun die Ausführung des Programms.

Der Vorteil an dieser Lösung ist, dass Sie nur eine Laufzeitumgebung benötigen, damit Sie mehrere Programme ausführen können.

Manchmal ist die Ausführung der Programme aber von einer bestimmten Version des .NET Frameworks abhängig.

Das ist kein Problem, denn es können mehrere Versionen von .NET Framework gleichzeitig auf einem Computer vorhanden sein.

Dies bedeutet, dass Sie ältere Versionen nicht deinstallieren müssen, um eine höhere Version zu installieren.

Das Ausführen eines Programms funktioniert also vereinfacht dargestellt folgendermaßen:

- Das Programm wird in einer Programmiersprache erstellt, wie Visual Basic, C++ oder anderen.
- Die Ausgabe des Codes erfolgt in einer Universalsprache, die von mehreren Laufzeitumgebungen verstanden wird.
- Auf dem Rechner wird diese Ausgabe im CLR in Maschinencode übersetzt und ausgeführt.

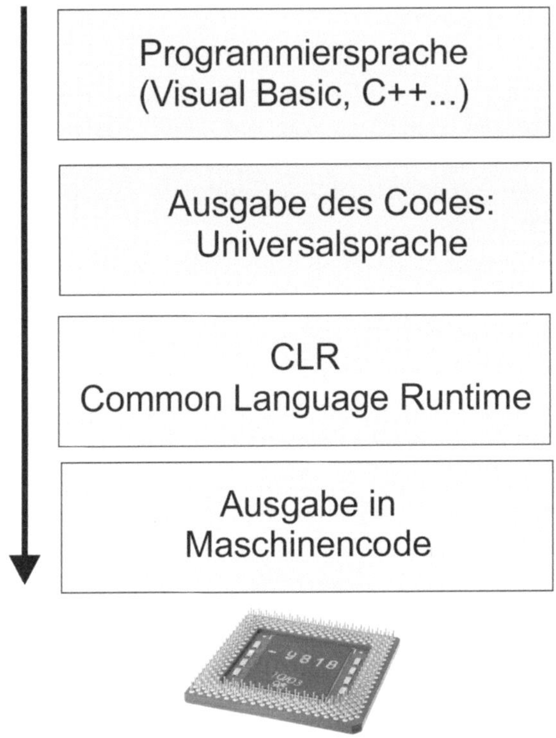

Abbildung 1.4: Ausführung eines Programms

.NET Framework-Klassenbibliothek

Der zweite Teil des .NET Framework ist die Klassenbibliothek.

Dies ist der eigentlich für uns interessante Teil des .NET, denn hier finden wir Sammlungen von verschiedenen Befehlen, auf die bei der Programmierung -oder beim Erstellen von PowerShell Skripts- zugegriffen werden kann.

Das ist sehr praktisch, da hier nicht immer das Rad neu erfunden werden muss.

.NET stellt Ihnen Funktionen und Methoden bereit, die für die verschiedensten Zwecke geeignet sind.

Sie finden in einer Klassenbibliothek eine große Auswahl an Codes, beispielsweise für Schaltflächen, grafische Benutzeroberflächen, bestimmte Zugriffe auf Daten und vieles mehr.

Der Zugriff auf die .NET Klassen kann folgendermaßen vereinfacht dargestellt werden:

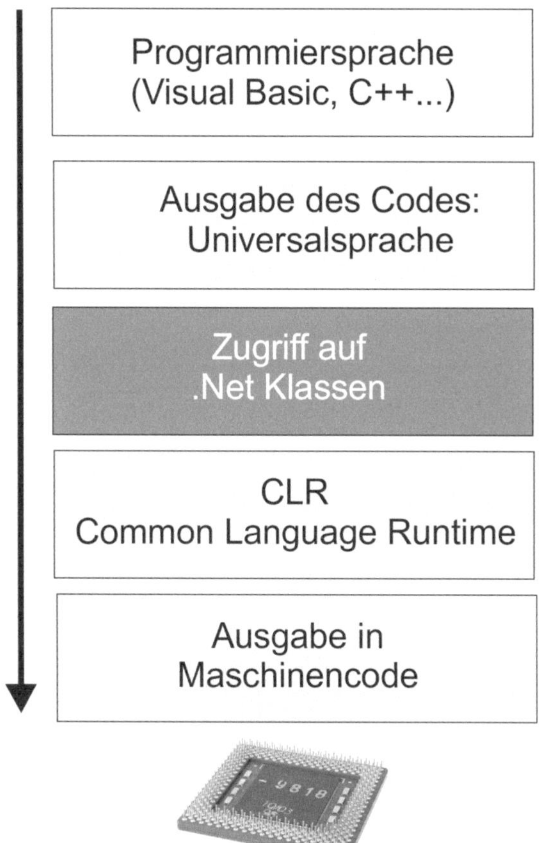

Abbildung 1.5: .NET Klassen

.NET Framework für PowerShell

Jetzt wird auch klar, warum die PowerShell untrennbar mit dem .NET Framework verbunden ist.

Sie benutzt die Klassenbibliotheken, um auf vorgefertigte Codes zugreifen zu können und uns damit die Arbeit zu erleichtern.

Mittlerweile ist das .NET Framework nicht mehr nur für Windows-Systeme verfügbar, sondern auch für Linux und MacOS. Damit haben wir auch die Möglichkeit, auf diesen Systemen die PowerShell zu benutzen.

Das Ziel, die .NET Versionen zusammenzuführen, können wir auch an den Versionsnummern erkennen.

Microsoft hat das .NET Framework 1.0 im Jahr 2002 herausgebracht. Dieses wurde kontinuierlich verbessert. Lief aber ausschließlich in einer Windows-Umgebung.

2019 erschien .NET Framework 4.8, das letzte Framework, das rein für Windows entwickelt wurde.

Im Jahr 2014 begann Microsoft mit der Entwicklung des sogenannten „.NET Core“, das plattformübergreifend sein sollte.

.Net Core 3.1 erschien 2019, etwa zeitgleich mit .NET Framework 4.8.

Alle Versionen danach waren nicht mehr an bestimmte Plattformen gebunden, sondern laufen unter Windows, Linux und MacOS.

Als äußerliches Zeichen für den Richtungswechsel heißen die neuen Versionen nur noch .Net, ohne die Zusätze „Framework“ oder „Core“.

Sie beginnen mit der Versionsnummer 5, die momentan noch die aktuelle Version ist, aber bereits im Herbst 2021 von .NET 6 abgelöst werden soll.

	.NET Framework	**.NT Core**	**.NET**
2002	1.0		
2003	1.1		
2005	2.0		
2006	3.0		
2007	3.5		
2010	4.0		
2012	4.5		
2013	4.5.1		
2014	4.5.2		
2015	4.6, 4.6.1		
2016	4.6.2	1.0, 1.1	
2017	4.7	2.0	
2018	4.7.2, 4.8	2.1, 2.2	
2019		3.0, 3.1	
2020			5
2021			6 (wahrscheinlich)
...			

Das plattformübergreifende .Net hat noch etwas weniger Funktionen als das reine Windows-basierte .NET Framework.

Das ist auch der Grund, warum zum jetzigen Zeitpunkt die PowerShell 7 mit weniger Funktionen ausgestattet ist, als die reine Windows Variante.

1.1.4 Die Windows PowerShell Konsole

In allen aktuellen Windows Versionen ist die PowerShell bereits vorinstalliert als integraler Bestandteil des Betriebssystems.

Start der Konsole

Das Starten der PowerShell-Konsole ist sehr einfach.

Sie wählen

- Start
- Windows PowerShell

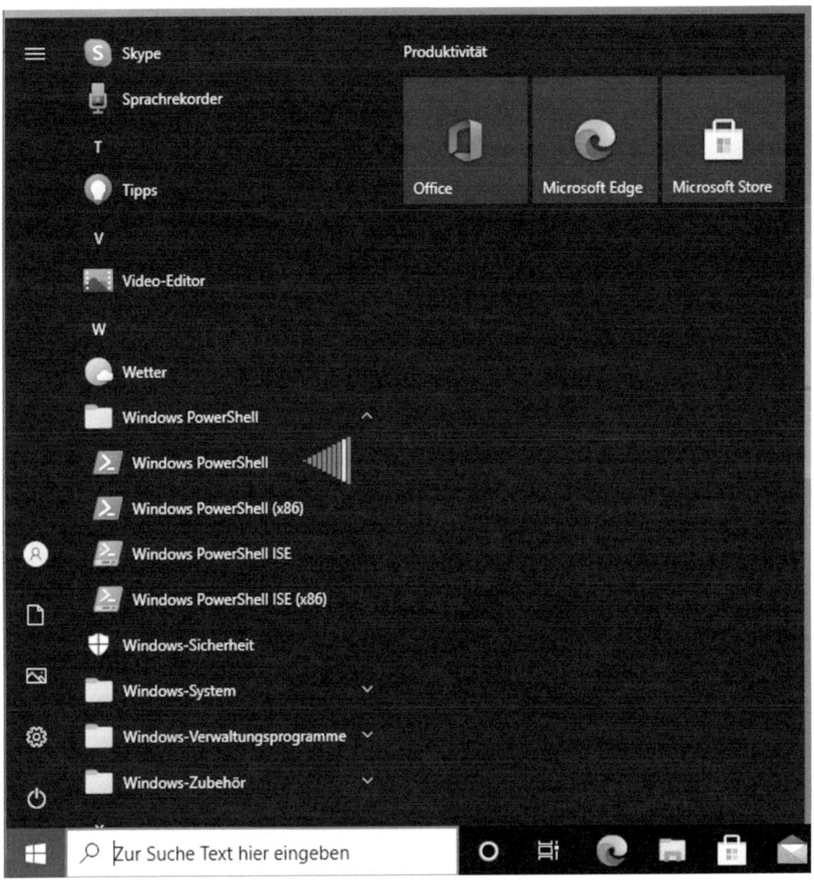

Abbildung 1.6: Windows PowerShell

Hier sehen Sie vier Auswahlmöglichkeiten für die Windows PowerShell.

Bleiben wir zunächst bei den beiden oberen.

- Windows PowerShell
- Windows PowerShell (x86)

Der zweite Eintrag ist eigentlich nur noch aus Abwärtskompatibilitätsgründen vorhanden. Er ist für 32-Bit Computer gedacht, die es nur noch selten gibt, oder für die Verwendung eines sehr alten 32-Bit Moduls.

Das wird so gut wie nie der Fall sein, deswegen können Sie die Einträge mit (x86) komplett ignorieren.

Also starten wir den 64-Bit Modus der Windows PowerShell.

Wir sehen ein Fenster, das uns an die Eingabeaufforderung erinnert.

Abbildung 1.7: Konsole

Bitte beachten Sie den angezeigten Pfad, Sie befinden sich im Profilverzeichnis des momentan angemeldeten Benutzers. Das wird später noch wichtig.

Aber zurück zur Konsole.

Wenn sie schon einer Eingabeaufforderung ähnelt, dann können wir auch bestimmt Informationen mit einem Befehl anzeigen, oder?

Richtig!

Wenn wir beispielsweise wissen möchten, welche Version der PowerShell installiert ist, geben wir den Befehl

$PSVersionTable

ein.

```
Windows PowerShell
PS C:\Users\User1> $PSVersionTable

Name                           Value
----                           -----
PSVersion                      5.1.19041.610
PSEdition                      Desktop
PSCompatibleVersions           {1.0, 2.0, 3.0, 4.0...}
BuildVersion                   10.0.19041.610
CLRVersion                     4.0.30319.42000
WSManStackVersion              3.0
PSRemotingProtocolVersion      2.3
SerializationVersion           1.1.0.1

PS C:\Users\User1> _
```

Abbildung 1.8: Anzeigen der Version

Sie erhalten eine gut strukturierte Ausgabe, die in zwei Spalten dargestellt wird.

In der ersten Spalte sehen Sie den Namen der Information, in der zweiten Spalte den jeweiligen Wert.

Die Version ist Windows PowerShell 5.1. Die Zahlen danach geben den aktuellen Servicepackstand wieder.

Wir befinden uns auf einem Desktopsystem, in diesem Fall Windows 10.

Auch die Abwärtskompatibilität zu den früheren Versionen wird angezeigt, genauso, wie einige andere Informationen.

Muss ich diesen Befehl auswendig wissen?

Jein.

PowerShell bietet eine einfache Autoausfüllfunktion, die Ihnen helfen kann, den richtigen Befehl zu finden. Dafür drücken Sie die Tab-Taste in der Konsole.

Leider sollten Sie dafür zumindest eine ungefähre Ahnung haben, was Sie eigentlich suchen, denn alle verfügbaren Befehle werden Ihnen in alphabetischer Reihenfolge angezeigt. Sie können zwar mit erneutem Druck auf die Tab-Taste zum nächsten Befehl wechseln, aber die Auswahl ist riesig.

Wenn Sie beispielsweise den Befehl

$PSVersionTable

suchen, und Sie geben nur $ ein, erhalten Sie alle Befehle, die mit $ anfangen.
Erst wenn Sie

$PSV

eingeben, wird Ihnen die richtige Zeichenfolge angezeigt.
Probieren Sie das ruhig aus, damit Sie ein Gefühl erhalten.

Natürlich können Sie Windows PowerShell auch als Administrator starten.

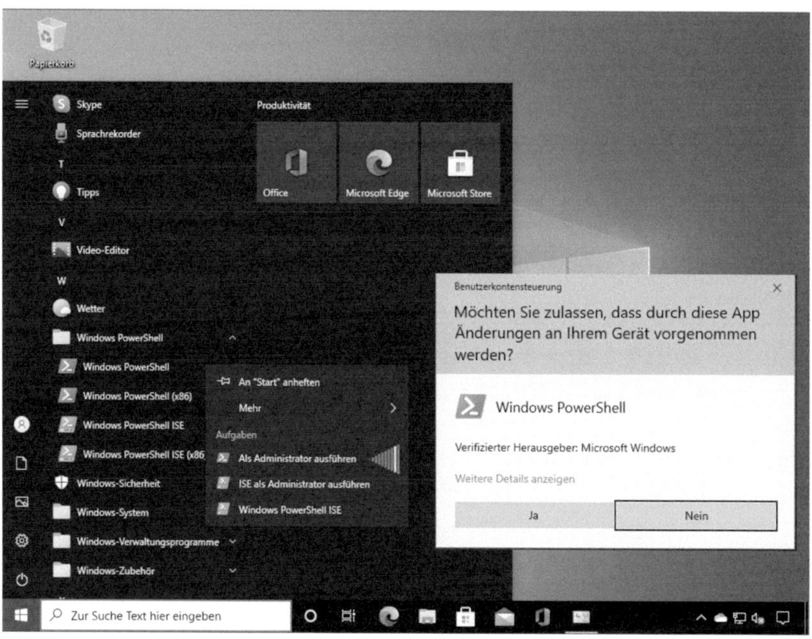

Abbildung 1.9: Als Administrator ausführen

Das ist immer dann nötig, wenn Sie systemnahe Tasks ausführen möchten, also bei der sinnvollen Systemverwaltung beinahe immer.

> **ACHTUNG!**
> Wenn Sie die Windows PowerShell als Administrator gestartet haben, befinden Sie sich im Pfad %Systemroot%\system32.
>
> Daran können Sie sofort erkennen, ob eine Konsole mit erhöhten Rechten ausgeführt wird!

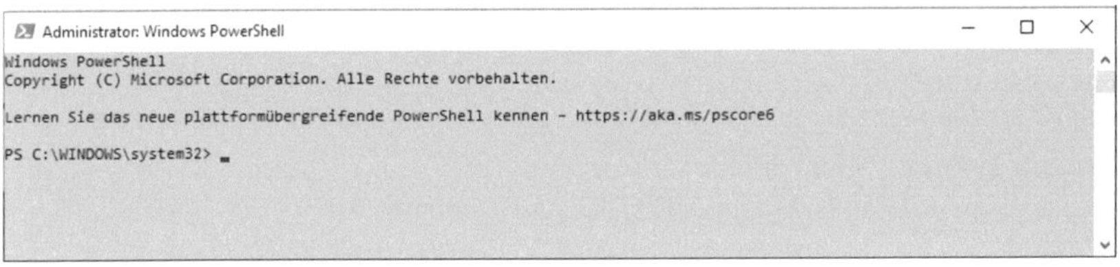

Abbildung 1.10: Administrator-Modus

Windows PowerShell ISE

Es gibt noch eine zweite Möglichkeit, die PowerShell Konsole zu starten.

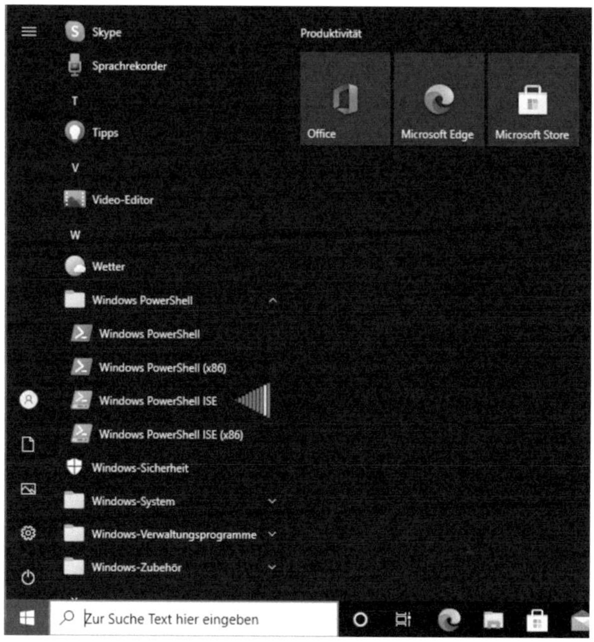

Abbildung 1.11: ISE

Wählen Sie dafür „Windows PowerShell ISE".

ISE steht für „Integrated Scripting Environment". Diese Konsole bietet mehr Hilfe als die einfache Konsole, sie ist dafür gedacht, Skripte zu erstellen.

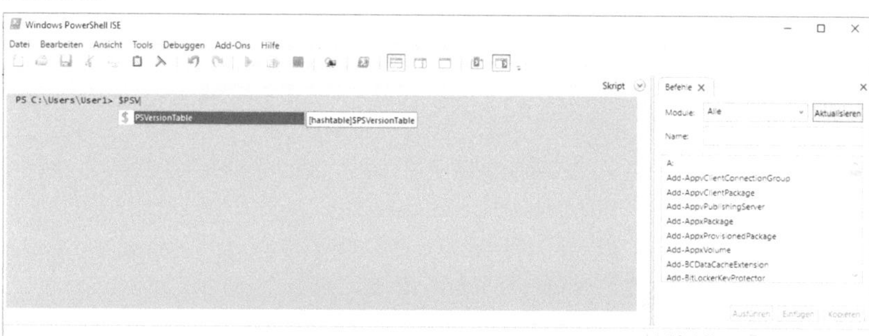

Abbildung 1.12: Gestartete ISE

Die meisten Funktionen sind an dieser Stelle noch nicht relevant, aber Sie sehen schon direkt nach dem Start, dass Sie mehr Informationen zur Verfügung haben.

Auf der rechten Seite sind alle verfügbaren Befehle aufgelistet, Sie können aus ihnen mit der Maus auswählen.

Den größten Unterschied sehen Sie, wenn Sie beginnen, einen Befehl einzutippen.

Sie erhalten automatisch Vorschläge, wie der Befehl ergänzt werden könnte und Sie können während der Eingabe durch Drücken von „Enter“ auswählen.

Das Ergebnis ist aber identisch mit dem Ergebnis, das Sie in der einfachen Konsole erhalten.

2 Erste Schritte mit der PowerShell: Cmdlets

2.1 Befehle in der PowerShell: Cmdlets

Lassen Sie uns in die Benutzung der PowerShell einsteigen.

Wie wir schon gehört haben, ist die PowerShell ein leistungsstarkes Instrument für die Administration eines Systems.

Dafür werden in der PowerShell-Konsole Befehle eingegeben. In der PowerShell-Sprache heißt ein solcher Befehl Commandlet (kurz Cmdlet).

Jedes Cmdlet erfüllt eine bestimmte Aufgabe.

2.1.1 Aufbau der Cmdlets

Alle Cmdlets sind nach dem gleichen Schema aufgebaut. Es besteht aus drei Teilen, einem Verb, einem Substantiv und einem oder mehreren Parametern.

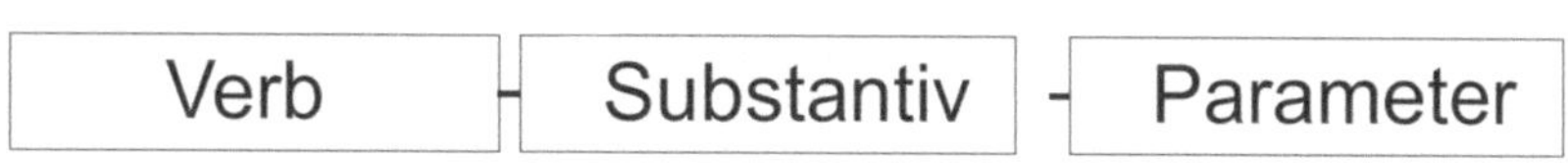

Abbildung 2.1: Syntax

Zwischen Verb und Substantiv befindet sich nur ein Bindestrich und kein Leerzeichen.

Der oder die Parameter werden mit einem Leerzeichen abgetrennt, und dann mit einem Bindestrich angefügt.

Groß- und Kleinschreibung ist zunächst einmal nicht wichtig, PowerShell interpretiert die Cmdlets unabhängig davon.

Über den Sinn einer Struktur in der Schreibweise unterhalten wir uns später noch.

Bevor wir die einzelnen Komponenten eines Cmdlets im Detail betrachten, möchte ich Ihnen noch einige Beispiele für Cmdlets zeigen.

Eines der bekanntesten Verben ist das Verb „Get“.

Get- leitet eine Informationsausgabe ein und hat den Vorteil, dass mit diesem Cmdlet keine Änderungen vorgenommen werden. Damit ist es das perfekte Beispiel, mit dem Sie probieren können, ohne ein Risiko einzugehen.

Möchten wir beispielsweise alle Dienste auflisten lassen, die auf dem lokalen Rechner verfügbar sind, geben wir folgendes Cmdlet ein:

Get-Service

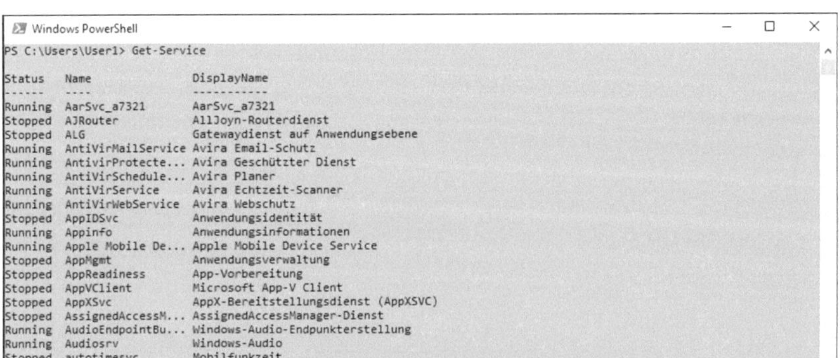

Abbildung 2.2: Get-Service

Sie können schon erkennen, das PowerShell immer eine ganze Reihe von Informationen ausgibt, in diesem Fall sehen wir nicht nur alle Dienste, sondern auch den Status: (Running/Stopped) und sowohl den Dienstnamen als auch den Anzeigenamen.

Auch können Sie erkennen, dass ein Cmdlet tadellos auch ohne Parameter funktionieren kann.

Parameter sind dazu da, die Anfrage zu verfeinern. Dies kann beispielsweise nötig sein, da PowerShell nach der Eingabe eines einfachen Cmdlets oft eine Vielzahl an Informationen ausgibt, wobei es schwierig sein kann, die relevante Information zu isolieren.

Ich kann also die Ausgabe verkleinern, indem ich einen Parameter nach dem Cmdlet angebe.

Das probieren wir doch gleich aus.

Ich gebe also ein

Get-Service

Und mache einen Leerschritt. Danach gebe ich einen Bindestrich ein.

Nun kann ich mit der Tab-Taste alle verfügbaren Parameter anzeigen.

Der erste Parameter, der angezeigt wird, ist der Parameter „Name“.

Ok, den nehme ich.

Wenn Sie nun „Enter“ drücken, erhalten Sie leider eine Fehlermeldung.

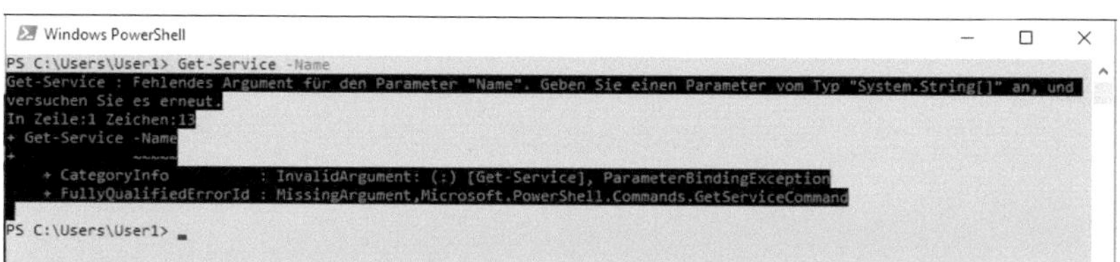

Abbildung 2.3: Fehlermeldung

Auch, wenn diese Meldung nicht sehr aussagekräftig erscheint, sagt sie uns doch, was falsch gelaufen ist.

„Fehlendes Argument für den Parameter „Name“.“

Ja, das macht Sinn.

Ein Parameter kann nur sinnvoll eingesetzt werden, wenn wir mit ihm genauer definieren, was wir eigentlich wollen.

Also muss der Parameter „Name“ noch mit einem Argument ausgestattet werden, das beschreibt, welche Namen gefiltert werden sollen.

Hier könnten wir beispielsweise festlegen, dass wir alle Dienste sehen möchten, die mit dem Buchstaben „M“ beginnen.

Dafür modifizieren wir das Cmdlet und geben für den Parameter „Name“ das Argument „M*“ an.

Platzhalter können Sie jederzeit verwenden.

Get-Service –Name „M*“

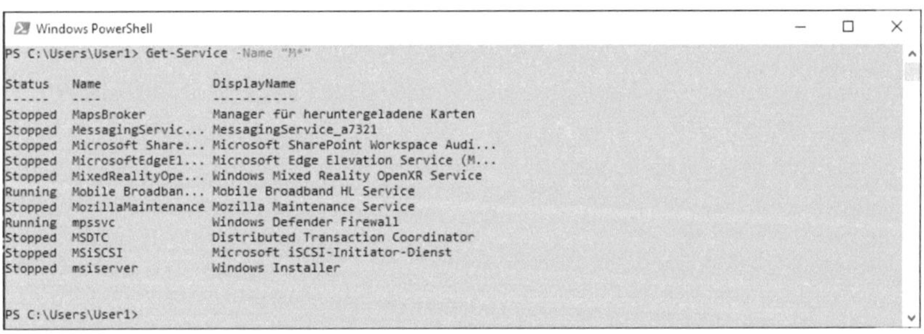

Abbildung 2.4: Dienste, die mit „M“ beginnen

Warum das Argument in Anführungszeichen gesetzt wird, werden wir später sehen.

Damit haben wir einen Überblick über die Syntax jedes Cmdlets erhalten, und können uns nun mit den Details beschäftigen.

2.2 Das Verb

Beginnen wir mit dem ersten Teil jedes Cmdlets, dem Verb.

Als „Verb“ wird der erste Teil eines Cmdlets bezeichnet, also in unserem vorherigen Beispiel das Wort „Get“.

Aber „Verben“ unter PowerShell müssen nicht immer Verben im grammatikalischen Sinn sein!

Auch „New“ wird in PowerShell als Verb betrachtet, obwohl es grammatikalisch gesehen ein Adjektiv ist.

> **BITTE MERKEN:**
> „Verben“ unter PowerShell sind festgelegte Begriffe, die eine Aktion auslösen. Dies können klassische Verben sein (Get, Move, Open), es können aber auch andere eindeutige Begriffe sein (New, Group).

Eine einfache Methode, sich einen Überblick über alle zur Verfügung stehenden Verben zu schaffen, ist mit der Eingabe des Cmdlets

Get-Verb

Abbildung 2.5: Get Verb

Sie sehen, es gibt eine sehr große Menge an Verben, mit denen Sie ein Cmdlet beginnen können.

Die meisten Verben sind relativ selbsterklärend.

„Add“ bedeutet, etwas Hinzuzufügen,

„Clear“ etwas zu entfernen.

Aber Moment, was ist dann der Unterschied zwischen „Clear“ und „Remove“?

Leider gibt es hier einige kleine, aber feine Unterschiede, die einige Verben betreffen.

Ich möchte mit Ihnen zwei Beispiele betrachten:

„Clear“ versus „Remove“

Mit dem Verb „Clear“ werden Ressourcen entfernt, aber noch nicht gelöscht.

Mit „Remove“ wird eine Ressource tatsächlich gelöscht.

„Find“ versus „Search“

Mit dem Verb „Find“ können Sie nach einem Objekt suchen.

Mit dem Verb „Search“ dagegen wird ein Verweis auf eine Ressource erstellt.

Sie sehen, auch wenn die Verben in den meisten Fällen selbsterklärend sind, sollten Sie sich mit ihnen dennoch vertraut machen, bevor Sie sie verwenden.

2.3 Das Substantiv

Der zweite Teil eines Cmdlets ist das Substantiv.

Mit dem Substantiv wird der Zielbereich definiert, für den die mit dem Verb festgelegte Aktion ausgeführt werden soll.

Bleiben wir bei unserem ersten Beispiel

Get-Service

Wir haben hier ein Cmdlet, das die Aufgabe „Zeige mir alle auf dem System vorhandenen Dienste“ ausführt.

Wieso heißt es „Service“ im Singular und nicht „Services“ im Plural?

Ich möchte doch alle Dienste sehen und nicht nur einen!

Gute Frage.

BITTE MERKEN:
In PowerShell ist festgelegt, dass das Substantiv immer im Singular angegeben wird, egal, ob die Ausgabe eine oder mehrere Informationen enthalten wird.

Probieren wir es aus.

Geben Sie das falsche Cmdlet

Get-Services

ein.

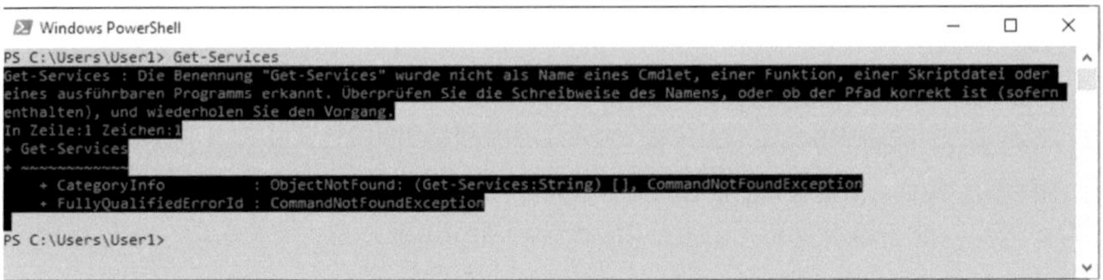

Abbildung 2.6: Falscher Befehl

Sie erhalten eine Fehlermeldung, dass das Cmdlet nicht existiert.

Eine zweite Regel für die Substantive möchte ich auch noch erwähnen, auch wenn sie selbstverständlich erscheint:

BITTE MERKEN:
Die Substantive in PowerShell sind immer in englischer Sprache.

2.3.1 Finden der richtigen Substantive

Natürlich ist es nicht einfach, die jeweilig richtigen Substantive für das zu lösende Problem zu finden.

Ein Beispiel:

Nehmen wir an, Sie möchten alle Druckertreiber anzeigen, die auf Ihrem Rechner installiert sind.

Sie wissen zum jetzigen Zeitpunkt zwar, dass Sie dafür das Verb „Get“ benutzen möchten, aber das Substantiv kennen Sie nicht.

Wie können Sie dies erfahren?

Natürlich gibt es auch dafür ein Cmdlet, es heißt

Get-Command

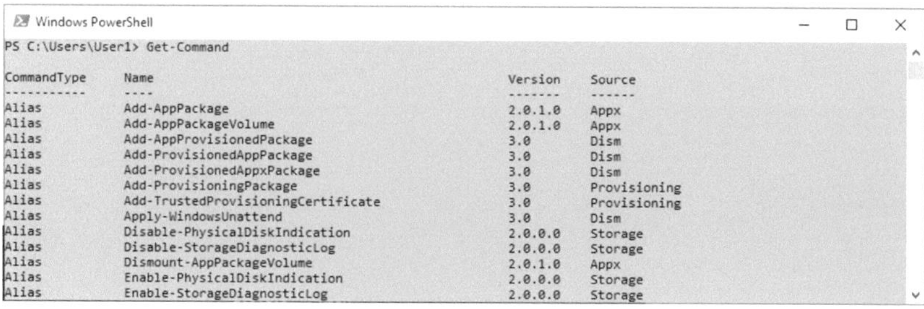

```
Windows PowerShell
PS C:\Users\User1> Get-Command

CommandType     Name                                  Version    Source
-----------     ----                                  -------    ------
Alias           Add-AppPackage                        2.0.1.0    Appx
Alias           Add-AppPackageVolume                  2.0.1.0    Appx
Alias           Add-AppProvisionedPackage             3.0        Dism
Alias           Add-ProvisionedAppPackage             3.0        Dism
Alias           Add-ProvisionedAppxPackage            3.0        Dism
Alias           Add-ProvisioningPackage               3.0        Provisioning
Alias           Add-TrustedProvisioningCertificate    3.0        Provisioning
Alias           Apply-WindowsUnattend                 3.0        Dism
Alias           Disable-PhysicalDiskIndication        2.0.0.0    Storage
Alias           Disable-StorageDiagnosticLog          2.0.0.0    Storage
Alias           Dismount-AppPackageVolume             2.0.1.0    Appx
Alias           Enable-PhysicalDiskIndication         2.0.0.0    Storage
Alias           Enable-StorageDiagnosticLog           2.0.0.0    Storage
```

Abbildung 2.7: Get-Command

Ok, das ist viel.

Wir bekommen bei Eingabe des Cmdlets ohne Parameter, die die Suche verfeinern könnten, alle verfügbaren Cmdlets gezeigt.

Um die Suche einzugrenzen, benutzen wir zwei Parameter.

- Eingrenzen des Verbs auf „Get“, da wir eine reine Anzeige möchten
- Eingrenzen des Substantivs auf Wörter, die die Zeichenfolge „Print“ enthalten

Die Parameter dafür heißen

-Verb Get

-Noun *print*

Das modifizierte Cmdlet heißt nun:

*Get-Command –Verb Get –Noun *print**

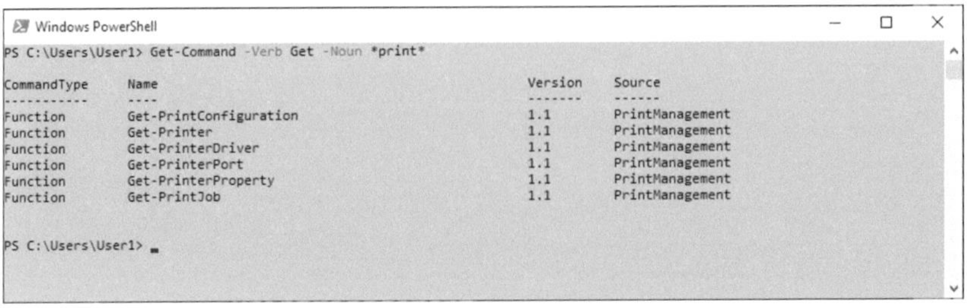

Abbildung 2.8: Anzeige aller „Print“ Cmdlets

Sie erhalten eine Liste mit allen verfügbaren Cmdlets für das Verb „Get“, bei denen im Substantiv „Print“ vorkommt.

Sie müssen nur noch das richtige Cmdlet suchen, in unserem Beispiel

Get-PrinterDriver

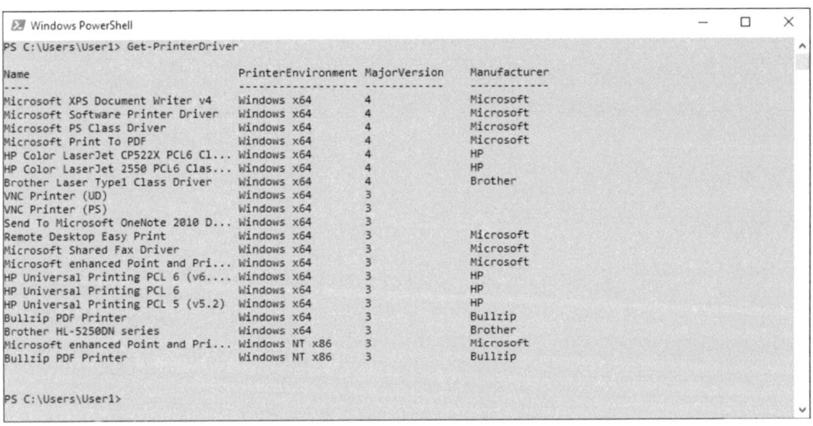

Abbildung 2.9: Get-PrinterDriver

2.3.2 Schreibweise der Substantive

Wenn Sie die Ausgabe des Cmdlets

*Get-Command –Verb Get –Noun *print**

betrachten, fällt auf, dass die Substantive in einem Wechsel von Groß- und Kleinbuchstaben geschrieben sind.

PrinterKonfiguration
PrinterDriver
PrinterPort
PrinterProperty
PrinterJob

Warum ist das so, wenn wir doch bereits festgestellt haben, dass es egal ist, ob wir mit Groß- oder Kleinbuchstaben arbeiten?

Nun, es geht hier ausschließlich um die Lesbarkeit der Cmdlets.

Beurteilen Sie selber, was ist besser und schneller zu lesen?

Groß- und Kleinschreibung	**Kleinschreibung**
PrinterKonfiguration PrinterDriver PrinterPort PrinterProperty PrinterJob	printerkonfiguration printerdriver printerport printerproperty printerjob

Das ist der Grund, warum es sich eingebürgert hat, immer den ersten Buchstaben eines Wortes groß zu schreiben und bei zusammengesetzten Wörtern den ersten Buchstaben des zweiten Wortes ebenfalls.

Das ist eine unverbindliche Empfehlung, die Sie beherzigen können, aber nicht müssen. Ich würde es Ihnen aber wärmstens empfehlen!

2.4 Parameter

In den vorherigen Beispielen haben wir uns schon einige Male mit Parametern beschäftigt.

Parameter präzisieren die Cmdlets, sie können entweder Informationen filtern und nur die gewünschten Teile darstellen oder auch die Cmdlets zwingen, tiefergehende Informationen bereitzustellen.

Parameter werden nach der Cmdlet-Kombination Verb-Substantiv angegeben, erst ein Leerzeichen, dann ein Bindestrich und dann der Parameter, gefolgt vom Argument.

Das Argument ist der Wert des Parameters.

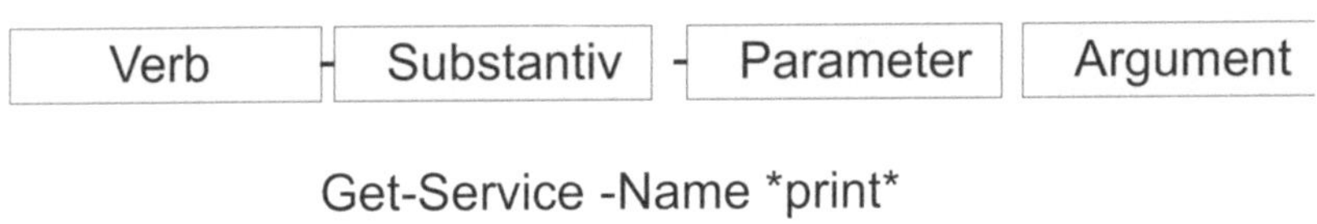

Abbildung 2.10: Beispiel

Als Beispiel möchte ich hier das Cmdlet

*Get-Service –Name *print**

anführen.

Hiermit wird nach einem Dienst gesucht, der die Zeichenfolge „print“ im Namen hat.

2.4.1 Typen von Parametern

Es wird Zeit, dass wir uns mit den verschiedenen Typen von Parametern beschäftigen, damit wir lernen können, sie zielgerichtet einzusetzen.

- Benannte Parameter
- Positions-Parameter
- Switch-Parameter

Benannte Parameter

Benannte Parameter sind sozusagen der Klassiker unter den Parametern. Sie werden immer mit der Reihenfolge

-Parameter Argument

aufgerufen.

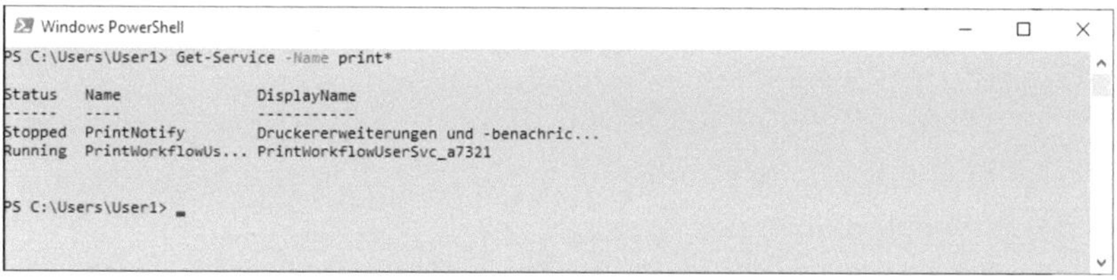

Abbildung 2.11: Benannter Parameter

Mit einem benannten Parameter ist ein Cmdlet sehr gut lesbar und nachvollziehbar, denn alle relevanten Informationen sind angegeben.

Cmdlets, die mit benannten Parametern erstellt werden, sind stabil.

Ein weiterer Vorteil der benannten Parameter ist, dass sie keine festgelegte Reihenfolge haben, sie können beliebig hinter dem Cmdlet ausgeführt werden.

Das liegt daran, dass PowerShell unabhängig von der Reihenfolge die Parameter abarbeitet, indem die zusammengehörigen Paare gelesen werden. Damit ist eine Verwechslung der Argumente nicht möglich.

Betrachten wir folgendes Beispiel:

Ich möchte alle Dienste angezeigt bekommen, die mit „Print" beginnen, der Dienst „PrintNotify" soll aber nicht in der Liste erscheinen.

Das Cmdlet selber ist

Get-Service

Die beiden benannten Parameter sind:

*-Name print**

-Exclude PrintNotify

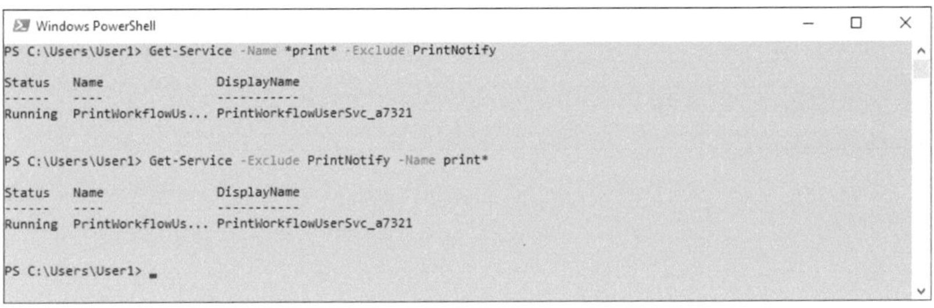

Abbildung 2.12: Reihenfolge der benannten Parameter

Gleichgültig, in welcher Reihenfolge ich diese Parameter hinter dem Cmdlet eingebe, ich erhalte immer das gleiche Ergebnis.

Benannte Parameter sind eine gute Wahl, denn sie sind zuverlässig und genau definiert.

Positionsparameter

Eine zweite Art der Parameter sind die Positionsparameter.

Im Prinzip sind diese Parameter eine Teilmenge der benannten Parameter, bei denen es aber möglich ist, den Parameter selber wegzulassen und nur das Argument anzugeben.

Bleiben wir bei unserem Beispiel von eben, den Diensten, die mit „Print“ beginnen.

Wenn der Parameter „Name“ weggelassen wird, und nur das Argument geschrieben wird, sieht das Cmdlet folgendermaßen aus:

*Get-Service print**

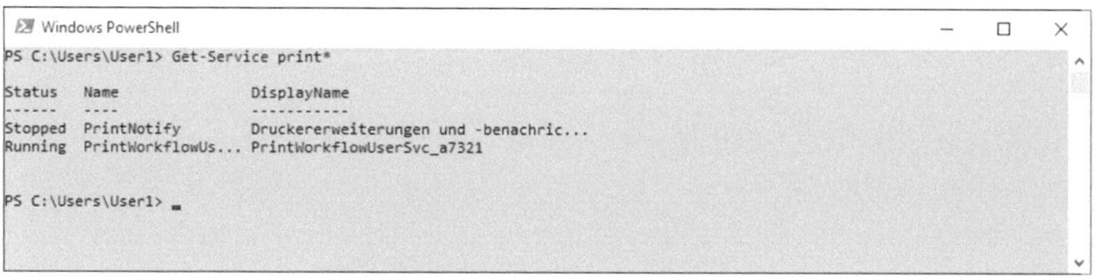

Abbildung 2.13: Positionsparameter

Ja, das funktioniert.

Probieren wir, ob das mit dem zweiten Parameter

-Exclude PrintNotify

beim Weglassen des Parameters selber auch noch funktioniert.

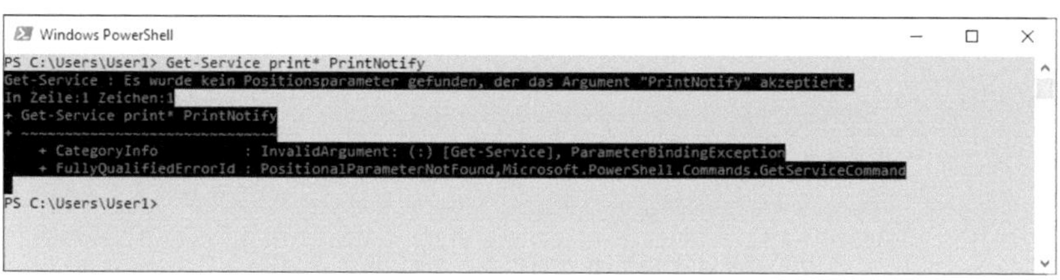

Abbildung 2.14: Kein Positionsparameter

Leider nicht.

Die Fehlermeldung sagt, dass kein Positionsparameter gefunden werden konnte, der dem Argument „PrintNotify“ entspricht.

Also scheint
-Name
ein Positionsparameter zu sein,
-Exclude
dagegen nicht.

Das korrekte Cmdlet würde also lauten:

Get-Service print -Exclude PrintNotify*

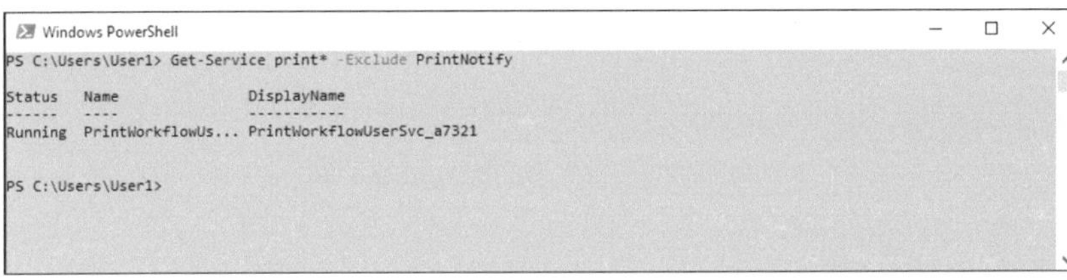

Abbildung 2.15: Positionsparameter und benannter Parameter

Eine weitere Frage stellt sich:
Warum heißt dieser Parameter „Positionsparameter“?

Um das zu klären, rufe ich folgende Cmdlets auf:

Get-Help –Name Get-Service –Parameter Name
Get-Help –Name Get-Service –Parameter Exclude

Das ist der Aufruf für die Hilfe, und ich möchte Auskunft erhalten über den Parameter „Name” und den Parameter „Exclude“ des Cmdlets „Get-Service”.

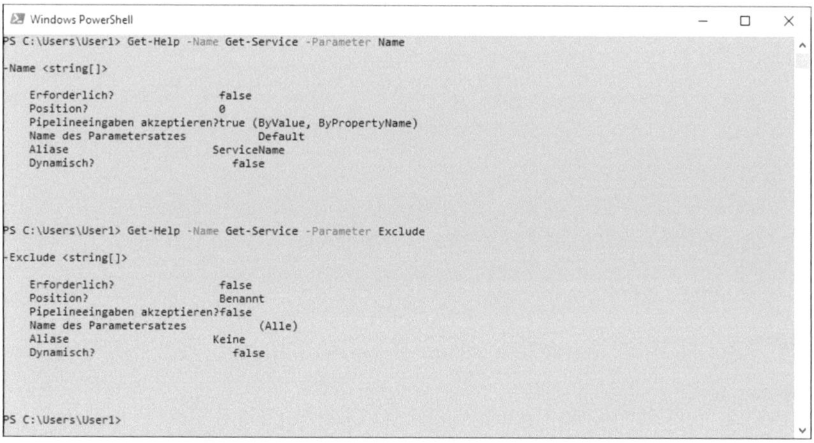

Abbildung 2.16: Informationen über einen Parameter

Wir erhalten nun einige Informationen über diese Parameter.

Die für uns an dieser Stelle wichtige Information finden wir bei „Position?“.

Hier unterscheiden sich die Informationen der beiden Parameter stark.

Beginnen wir mit dem Parameter „Exclude“.

Hier erhalten wir die Information „Benannt“.

Das bedeutet, dass dieser Parameter ein benannter Parameter ist, den wir immer in der Form

-Parameter Argument

eingeben müssen.

Beim Parameter „Name“ dagegen erkennen wir eine „0“.

Das bedeutet, dass dies kein benannter Parameter ist, wir also die Bezeichnung weglassen können und nur das Argument eingeben können.

Das haben wir bereits ausprobiert.

Wichtig ist nun aber der Wert, in diesem Fall „0“.

Dieser Wert gibt an, an welcher Stelle der Parameterliste das Argument dieses Parameters stehen muss.

Mit der „0“ wird uns angezeigt, dass es egal ist, wo dieses Argument steht, es wird immer als Argument des Parameters „Name“ erkannt.

Würde hier eine „1“ stehen, müsste das Argument an erster Stelle in der Parameterliste stehen, sonst könnte PowerShell diesen Positionsparameter nicht zuordnen und eine Fehlermeldung wäre das Resultat.

Sie können sich vorstellen, dass Fehlermeldungen, die aufgrund von falsch gesetzten Positionsparametern auftreten, schwer zu interpretieren sind.

PowerShell hat in den Evolutionsstufen seiner Entwicklung hier die Fehlermöglichkeiten stark verringert, um die Eingabe sicherer zu machen.

Aber überprüfen wir doch noch, ob diese Aussage auch stimmt.

Wenn es egal ist, an welcher Position der Positionsparameter „Name“ steht, müsste nicht nur das Cmdlet

Get-Service print -Exclude PrintNotify*

sondern auch das Cmdlet

*Get-Service -Exclude PrintNotify print**

funktionieren, bei dem die Position des Positionsparameters eine andere ist.

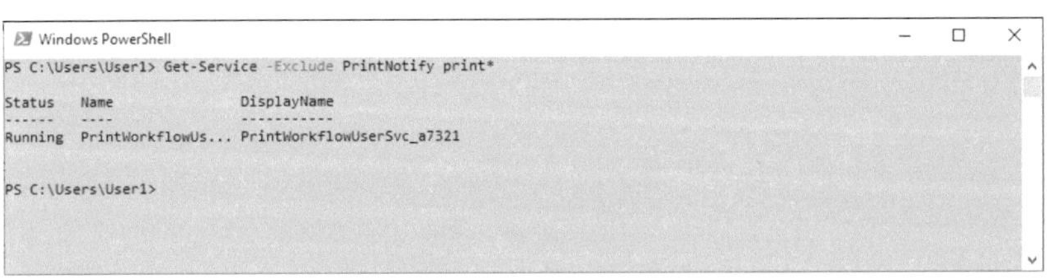

Abbildung 2.17: Andere Position

Es funktioniert.

Benutzen Sie Positionsparameter nur mit äußerster Vorsicht.

Sie sind zwar schneller in der Eingabe, als benannte Parameter, aber auch fehlerträchtiger und schwer nachzuvollziehen.

Wenn überhaupt, dann sollten Sie sie nur in Cmdlets benutzen, die Sie einmal eingeben und die nicht für mehrmalige Verwendung gespeichert werden.

In Skripten sollten Sie sie gar nicht verwenden, da die Fehlersuche damit stark erschwert wird. Diese Vorgehensweise ist zwar nicht verboten, Sie sollten meinen Rat aber trotzdem beherzigen, um transparente und nachvollziehbare Skripte zu gestalten.

Switch-Parameter

Ein dritter Typ von Parametern ist der Switch-Parameter.

Switch-Parameter schalten bestimmte Funktionen an, wenn sie angegeben werden, werden sie nicht angegeben, ist diese Funktion nicht vorhanden.

Am besten betrachten wir diese Art des Parameters mit einem Beispiel.

Dafür möchte ich Ihnen ein weiteres Cmdlet zeigen, nämlich

Get-ChildItem

Mit diesem Cmdlet werden alle Elemente angezeigt, die sich in einem bestimmten Pfad befinden. Dieser Pfad muss auch angegeben werden.

Wenn ich also alle Elemente sehen möchte, die sich im Pfad C:\Daten befinden, gebe ich folgendes Cmdlet an:

Get-ChildItem –Path C:\Daten

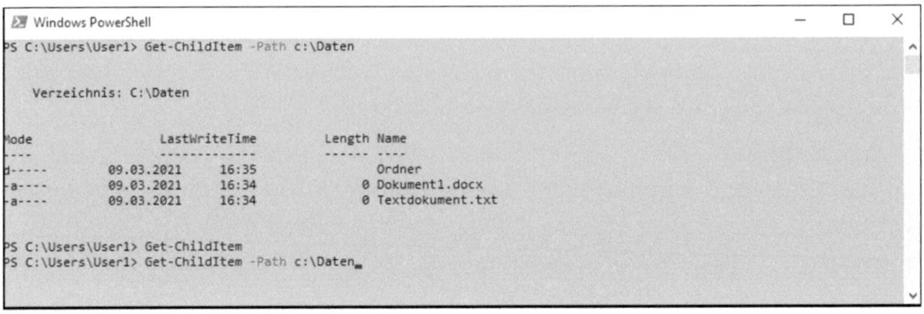

Abbildung 2.18: Get-ChildItem

Die Ausgabe erinnert an den Kommandozeilenbefehl „Dir“.

Sie erhalten die Information, dass sich in dem Ordner zwei Dateien und ein Unterordner befinden.

Die Daten, die sich im Unterordner befinden, kann ich mit diesem Cmdlet nicht sehen.

Hier kommt nun der Switch-Parameter

-Recurse

ins Spiel.

Mit diesem Parameter verlange ich auch die Ausgabe der Elemente in den eventuell vorhandenen Unterordnern.

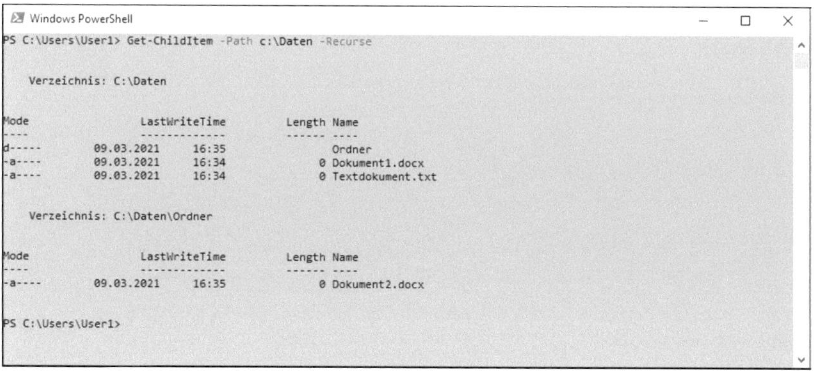

Abbildung 2.19: -Recurse

Sie erhalten für jeden Ordner und Unterordner eine getrennte Ausgabe.

Switch-Parameter sind also Parameter, die nur eingesetzt werden, wenn eine zusätzliche Aufgabe ausgeführt werden soll.

2.4.2 Die Parameter „-WhatIf" und „-Confirm"

Eine interessante Möglichkeit bieten die beiden Parameter „-WhatIf" und „-Confirm".

Beide dienen dazu, ein Cmdlet nicht blind und ohne Prüfung ausführen zu lassen. Sie sind somit ein wichtiger Bestandteil der Sicherheit.

Aus diesem Grund sind diese Parameter natürlich nur sinnvoll, wenn Sie sie bei Cmdlets mit einem Verb benutzen, bei dem auch Änderungen vorgenommen werden sollen, nicht bei reinen Anzeige-Verben.

Bei dem „ungefährlichen" Verb „Get" bringt eine Absicherung nichts, sehr wohl aber beispielsweise bei Ausführen eines Cmdlets mit

- Remove
- Stop

oder ähnlichen verändernden Verben.

-WhatIf

Betrachten wir den Parameter „-WhatIf".

„-WhatIf" löst nicht den Vorgang aus, sondern initiiert eine Simulation der gewünschten Aktion und gibt das Ergebnis als Text aus.

Wenn wir beispielsweise den Dienst „Fax" starten wollen, wäre das Cmdlet dafür

Start-Service –Name Fax

Wenn wir aber erst einmal nur simulieren möchten, was passieren würde, falls wir dieses Cmdlet ausführen, kann der Parameter

-WhatIf

angehängt werden.

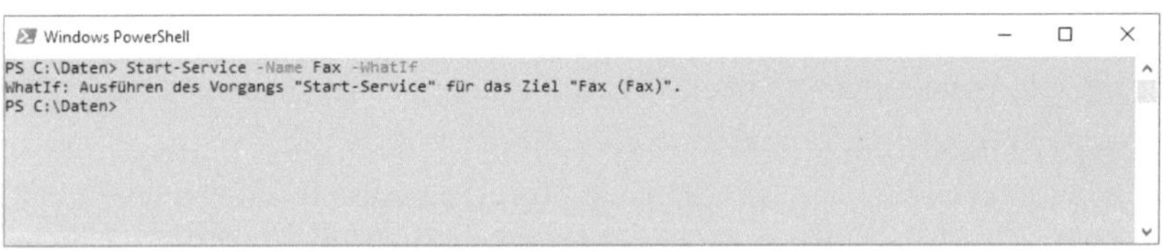

Abbildung 2.20: WhatIf

Sie können erkennen, dass die Ausführung dieses Cmdlets nur eine Simulation als Ergebnis hat, nicht das wirkliche Starten des Diensts und dass die Ergebnisse nur angezeigt werden.

Dieser Parameter ist sehr sinnvoll, um bei PowerShell Cmdlets nur zu testen, ob die Syntax stimmt und das richtige Ergebnis erreicht werden kann.

-Confirm

Ein weiterer Sicherheits-Parameter ist „-confirm“.

Dieser Parameter wird häufig in PowerShell-Skripten benutzt, denn er stoppt die Ausführung an einer bestimmten Stelle und erwartet eine explizite Bestätigung, dass der nächste Schritt ausgeführt werden soll.

Betrachten wir das gleiche Beispiel wie zuvor, das Starten des Diensts „Fax“.

Ich möchte mich absichern, dass ich eine Rückfrage erhalte, ob dieses Cmdlet wirklich ausgeführt werden soll.

Also gebe ich ein:

Start-Service –Name Fax -Confirm

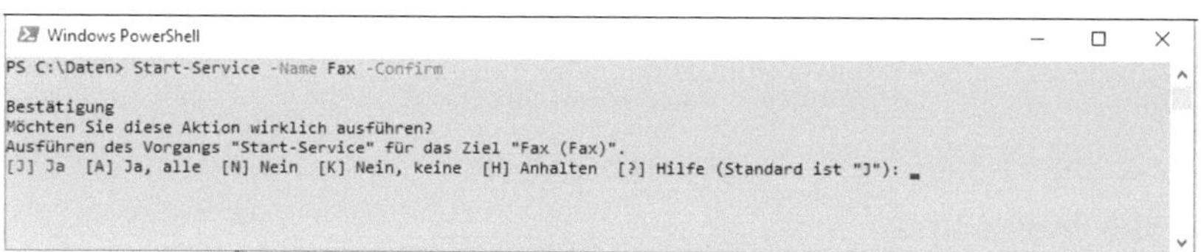

Abbildung 2.21: Confirm

Auch in diesem Fall wird das Cmdlet nicht sofort ausgeführt.

Es erscheint eine Abfrage, bei der die gewünschte Aktion beschrieben wird und wir wählen können, ob das Cmdlet ausgeführt werden soll.

Sie können wählen zwischen

Aktion	Bedeutung
J	Die Aktion wird ausgeführt. Dies ist die Standardeinstellung, die Sie auch mit einfachem Drücken auf „Enter“ auslösen können.
A	Ja, alle. Mit dieser Antwort werden alle Aktionen in diesem Cmdlet ohne weitere Rückfrage ausgeführt.
N	Nein, die Aktion wird nicht ausgeführt. Sollten in Folge noch mehrere Abfragen kommen, werden diese wieder angezeigt.
K	Nein, keine. In diesem Fall werden alle weiteren Abfragen des Cmdlets abgebrochen.
H	Anhalten. Das Cmdlet wird angehalten, Sie erhalten einen weiteren PowerShell Prompt. Dadurch können Sie andere Eingaben machen, beispielsweise, um bisherige Ergebnisse zu überprüfen. Mit der Eingabe von „exit“ kehren Sie zur Abfrage zurück.
?	Hilfe aufrufen

Kombination der Parameter „-WhatIf“ und „-Confirm“

Was passiert, wenn beide Parameter in Kombination benutzt werden?

Wenn wir also folgendes Cmdlet eingeben:

Start-Service –Name Fax –WhatIf -Confirm

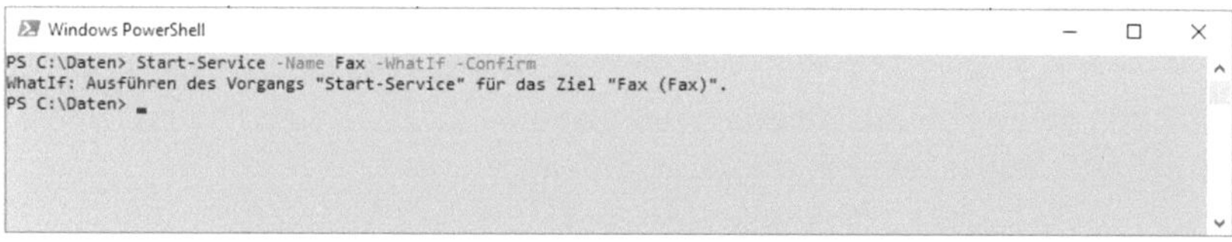

Abbildung 2.22: Kombination von –WhatIf und –Confirm

In diesem Fall wird nur der Parameter „-WhatIf" ausgeführt, der Parameter „-Confirm" wird ignoriert.

Das ist übrigens unabhängig von der Eingabereihenfolge der beiden Parameter!

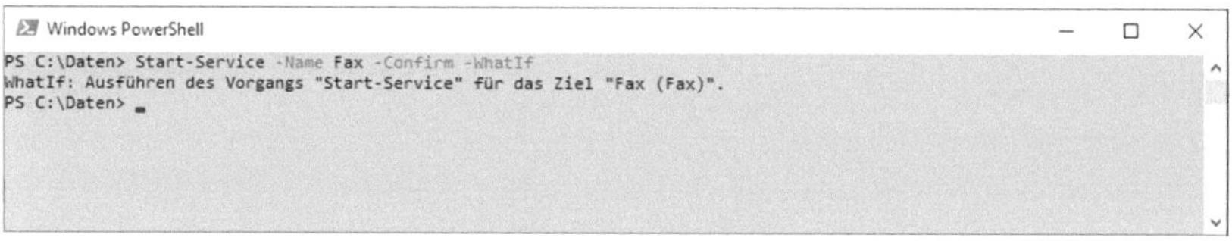

Abbildung 2.23: Andere Reihenfolge der Parameter

Auch, wenn Sie zuerst „-Confirm" und danach „-WhatIf" eingeben, wird nur der Parameter „-WhatIf" ausgeführt.

2.5 Hilfe

Mittlerweile sind wir an einer Grenze angelangt, an der wir uns aktiv um die Hilfefunktion der PowerShell kümmern sollten.

Das Cmdlet hierfür ist

Get-Help

Wenn ich beispielsweise Hilfe über das Cmdlet „Get-Service" benötige, lautet das Cmdlet:

Get-Help –Name Get-Service

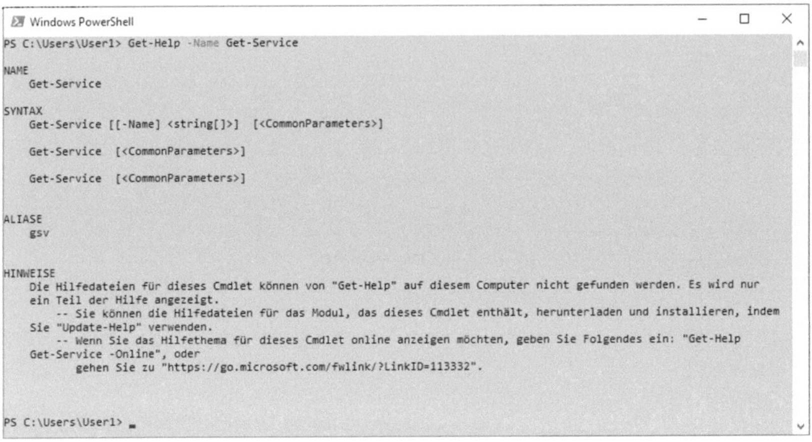

Abbildung 2.24: Get-Help

Das ist nicht wirklich viel, es sind nur sehr allgemeine Informationen, da die Hilfedateien offensichtlich noch nicht auf dem Computer installiert sind.

Und wir erhalten den Hinweis, dass wir die Hilfedateien mit dem Cmdlet

Update-Help

herunterladen können.

Das werde ich nun auch machen.

Allerdings muss ich darauf achten, dass ich die PowerShell im Administratormodus geöffnet habe, denn nur so habe ich die benötigten Rechte.

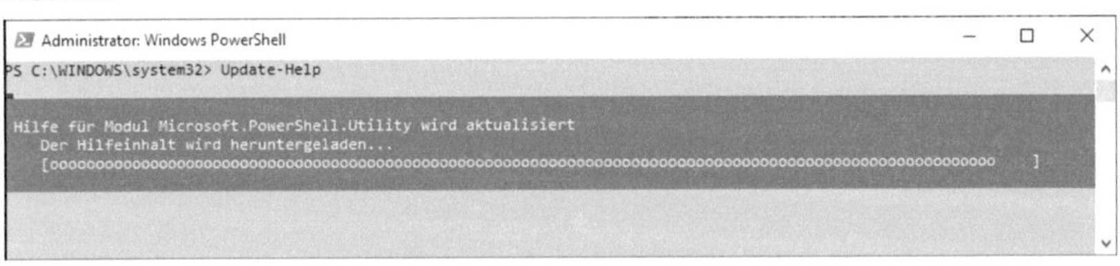

Abbildung 2.25: Update Help

Wenn ich nun erneut nach Hilfe für das Cmdlet „Get-Service“ suche, erhalte ich deutlich detailliertere Informationen.

```
Windows PowerShell
PS C:\Users\User1> Get-Help -Name Get-Service

NAME
    Get-Service

ÜBERSICHT
    Gets the services on a local or remote computer.


SYNTAX
    Get-Service [-ComputerName <System.String[]>] [-DependentServices] -DisplayName <System.String[]> [-Exclude
    <System.String[]>] [-Include <System.String[]>] [-RequiredServices] [<CommonParameters>]

    Get-Service [-ComputerName <System.String[]>] [-DependentServices] [-Exclude <System.String[]>] [-Include
    <System.String[]>] [-InputObject <System.ServiceProcess.ServiceController[]>] [-RequiredServices]
    [<CommonParameters>]

    Get-Service [[-Name] <System.String[]>] [-ComputerName <System.String[]>] [-DependentServices] [-Exclude
    <System.String[]>] [-Include <System.String[]>] [-RequiredServices] [<CommonParameters>]


BESCHREIBUNG
    The Get-Service cmdlet gets objects that represent the services on a local computer or on a remote computer,
    including running and stopped services.

    You can direct this cmdlet to get only particular services by specifying the service name or the display name of
    the services, or you can pipe service objects to this cmdlet.


VERWANDTE LINKS
    Online Version: https://docs.microsoft.com/powershell/module/microsoft.powershell.management/get-service?view=power
    shell-5.1&WT.mc_id=ps-gethelp
    New-Service
    Restart-Service
    Resume-Service
    Set-Service
    Start-Service
    Stop-Service
    Suspend-Service

HINWEISE
    Zum Aufrufen der Beispiele geben Sie Folgendes ein: "get-help Get-Service -examples".
    Weitere Informationen erhalten Sie mit folgendem Befehl: "get-help Get-Service -detailed".
    Technische Informationen erhalten Sie mit folgendem Befehl: "get-help Get-Service -full".
    Geben Sie zum Abrufen der Onlinehilfe Folgendes ein: "get-help Get-Service -online"

PS C:\Users\User1> _
```

Abbildung 2.26: Get-Help

2.6 Module

Alle Cmdlets sind strukturiert gespeichert in sogenannten Modulen.

Ein Modul ist eine Zusammenstellung von Cmdlets, die thematisch ähnlich sind.

Einige Module sind auf jedem Rechner bereits vorhanden, einige andere werden bei Bedarf nachinstalliert.

Sie können auch zusätzliche Module selber aussuchen und installieren.

Beginnen wir mit der Analyse, welche Module auf einem Windows 10 Client bereits vorhanden sind.

Mit folgendem Cmdlet können wir alle Module anzeigen lassen, die auf dem Rechner verfügbar sind:

Get-Module –ListAvailable

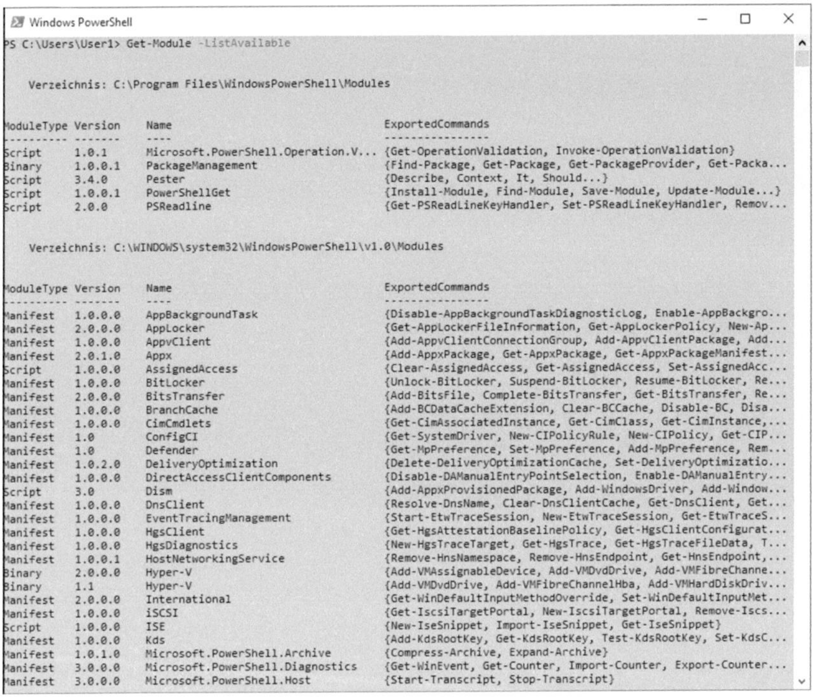

```
Windows PowerShell
PS C:\Users\User1> Get-Module -ListAvailable


    Verzeichnis: C:\Program Files\WindowsPowerShell\Modules


ModuleType Version    Name                                ExportedCommands
---------- -------    ----                                ----------------
Script     1.0.1      Microsoft.PowerShell.Operation.V... {Get-OperationValidation, Invoke-OperationValidation}
Binary     1.0.0.1    PackageManagement                   {Find-Package, Get-Package, Get-PackageProvider, Get-Packa...
Script     3.4.0      Pester                              {Describe, Context, It, Should...}
Script     1.0.0.1    PowerShellGet                       {Install-Module, Find-Module, Save-Module, Update-Module...}
Script     2.0.0      PSReadline                          {Get-PSReadLineKeyHandler, Set-PSReadLineKeyHandler, Remov...


    Verzeichnis: C:\WINDOWS\system32\WindowsPowerShell\v1.0\Modules


ModuleType Version    Name                                ExportedCommands
---------- -------    ----                                ----------------
Manifest   1.0.0.0    AppBackgroundTask                   {Disable-AppBackgroundTaskDiagnosticLog, Enable-AppBackgro...
Manifest   2.0.0.0    AppLocker                           {Get-AppLockerFileInformation, Get-AppLockerPolicy, New-Ap...
Manifest   1.0.0.0    AppvClient                          {Add-AppvClientConnectionGroup, Add-AppvClientPackage, Add...
Manifest   2.0.1.0    Appx                                {Add-AppxPackage, Get-AppxPackage, Get-AppxPackageManifest...
Script     1.0.0.0    AssignedAccess                      {Clear-AssignedAccess, Get-AssignedAccess, Set-AssignedAcc...
Manifest   1.0.0.0    BitLocker                           {Unlock-BitLocker, Suspend-BitLocker, Resume-BitLocker, Re...
Manifest   2.0.0.0    BitsTransfer                        {Add-BitsFile, Complete-BitsTransfer, Get-BitsTransfer, Re...
Manifest   1.0.0.0    BranchCache                         {Add-BCDataCacheExtension, Clear-BCCache, Disable-BC, Disa...
Manifest   1.0.0.0    CimCmdlets                          {Get-CimAssociatedInstance, Get-CimClass, Get-CimInstance,...
Manifest   1.0        ConfigCI                            {Get-SystemDriver, New-CIPolicyRule, New-CIPolicy, Get-CIP...
Manifest   1.0        Defender                            {Get-MpPreference, Set-MpPreference, Add-MpPreference, Rem...
Manifest   1.0.2.0    DeliveryOptimization                {Delete-DeliveryOptimizationCache, Set-DeliveryOptimizatio...
Manifest   1.0.0.0    DirectAccessClientComponents        {Disable-DAManualEntryPointSelection, Enable-DAManualEntry...
Script     3.0        Dism                                {Add-AppxProvisionedPackage, Add-WindowsDriver, Add-Window...
Manifest   1.0.0.0    DnsClient                           {Resolve-DnsName, Clear-DnsClientCache, Get-DnsClient, Get...
Manifest   1.0.0.0    EventTracingManagement              {Start-EtwTraceSession, New-EtwTraceSession, Get-EtwTraceS...
Manifest   1.0.0.0    HgsClient                           {Get-HgsAttestationBaselinePolicy, Get-HgsClientConfigurat...
Manifest   1.0.0.0    HgsDiagnostics                      {New-HgsTraceTarget, Get-HgsTrace, Get-HgsTraceFileData, T...
Manifest   1.0.0.1    HostNetworkingService               {Remove-HnsNamespace, Remove-HnsEndpoint, Get-HnsEndpoint,...
Binary     2.0.0.0    Hyper-V                             {Add-VMAssignableDevice, Add-VMDvdDrive, Add-VMFibreChanne...
Binary     1.1        Hyper-V                             {Add-VMDvdDrive, Add-VMFibreChannelHba, Add-VMHardDiskDriv...
Manifest   2.0.0.0    International                       {Get-WinDefaultInputMethodOverride, Set-WinDefaultInputMet...
Manifest   1.0.0.0    iSCSI                               {Get-IscsiTargetPortal, New-IscsiTargetPortal, Remove-Iscs...
Script     1.0.0.0    ISE                                 {New-IseSnippet, Import-IseSnippet, Get-IseSnippet}
Manifest   1.0.0.0    Kds                                 {Add-KdsRootKey, Get-KdsRootKey, Test-KdsRootKey, Set-KdsC...
Manifest   1.0.1.0    Microsoft.PowerShell.Archive        {Compress-Archive, Expand-Archive}
Manifest   3.0.0.0    Microsoft.PowerShell.Diagnostics    {Get-WinEvent, Get-Counter, Import-Counter, Export-Counter...
Manifest   3.0.0.0    Microsoft.PowerShell.Host           {Start-Transcript, Stop-Transcript}
```

Abbildung 2.27: Get-Module -ListAvailable

Das ist eine Menge.

Wir können mehrere Fakten in dieser Liste erkennen:

- Es gibt eine große Menge an Modulen, die auf dem Rechner verfügbar sind
- Sie sind thematisch gegliedert (z.B. Module für Hyper-V)
- Es gibt mehrere Speicherorte, an denen die Module angesiedelt sind

Genau gesagt, sind diese Speicherorte

- C:\Program Files\WindowsPowerShell\Modules
- C:\Windows\System32\WindowsPowerShell\v1.0\Modules

Es kann noch eine dritte Stelle geben, an der PowerShell-Module gespeichert werden.

Falls Sie Module nur für einen einzigen Benutzer installieren, befinden sich diese Module im Profilpfad

- C:\Users\[UserName]\Documents\WindowsPowerShell\Modules

2.6.1 Nachladen der Module

Wichtig zu wissen ist, dass nur ein kleiner Teil der Module bereits beim Start von PowerShell zur Verfügung steht.

Dies können wir kontrollieren, indem wir PowerShell schließen, neu starten und direkt danach folgendes Cmdlet benutzen:

Get-Module

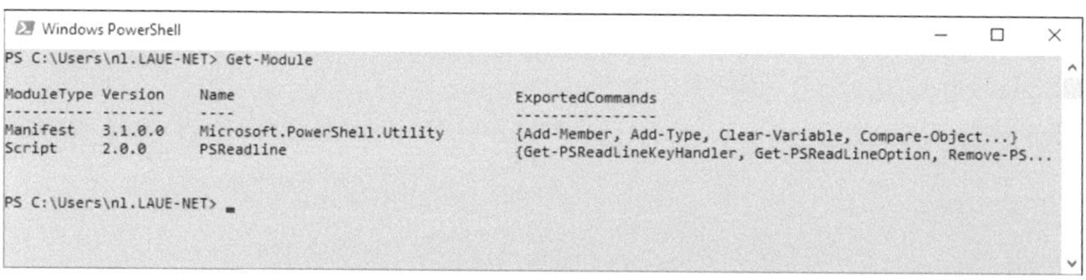

Abbildung 2.28: Get-Module nach dem Start

Wir sehen, dass nur eine kleine Auswahl an Modulen bereits geladen ist.

Das ist sehr wichtig für das flüssige Arbeiten. Nur die wichtigsten Module sind bereits nach dem Start geladen, damit bleibt PowerShell schlank und schnell.

Das Nachladen weiterer Module ist überhaupt kein Problem, das wird automatisch vorgenommen, wenn Sie ein Cmdlet benutzen, das in einem anderen Modul beheimatet ist, das zwar auf dem Rechner verfügbar ist, aber noch nicht in den Arbeitsspeicher geladen.

Wenn ich das Cmdlet

Get-Service

benutze und danach wieder

Get-Module

kann ich erkennen, dass nun ein weiteres Modul geladen wurde und damit im Arbeitsspeicher liegt.

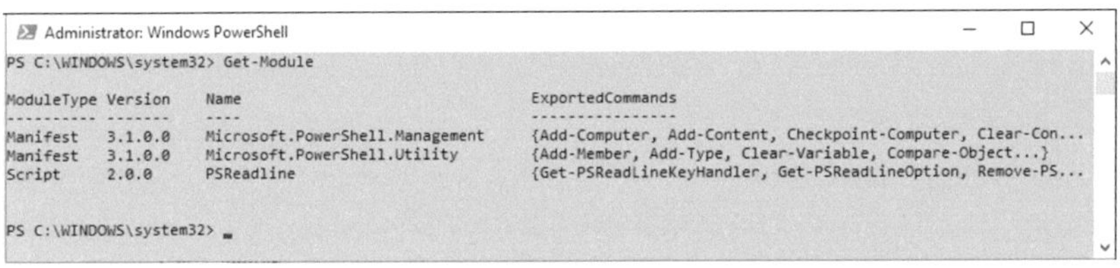

Abbildung 2.29: Get-Module mit nachgeladenem Modul

Es ist das Modul Microsoft.PowerShell.Management. Hier ist unter anderem das Cmdlet „Get-Service" zu finden.

2.6.2 Module installieren

Nicht immer sind alle Module auf dem Rechner installiert.

Zum Beweis betrachten wir kurz die Auflistung der verfügbaren Module auf einem Domänencontroller.

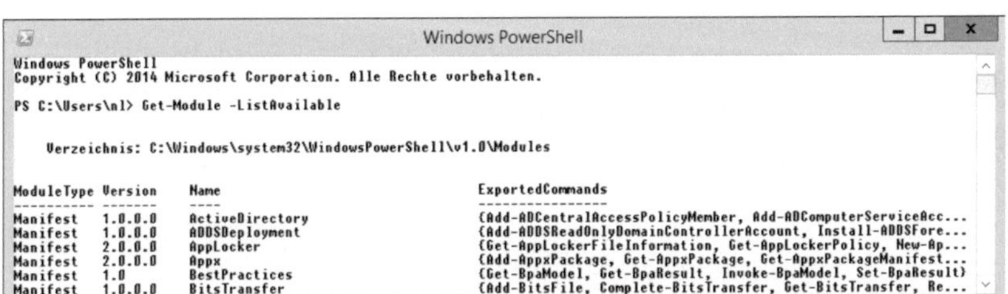

Abbildung 2.30: Module auf einem Domänencontroller

Sie sehen, dass hier ein Modul mit Namen „ActiveDirectory“ installiert worden ist, mit dessen Hilfe ein Domänencontroller über die PowerShell verwaltet werden kann.

Was ist aber, wenn Sie einen Domänencontroller von einem Client aus verwalten möchten?

Nun, das ist auch kein Problem, es gibt ein Tool, das alle benötigten Komponenten für die Verwaltung eines Domänencontrollers auf einem Client installiert, unter anderem auch das PowerShell-Modul „ActiveDirectory“.

Dieses Tool heißt „RSAT“ (Remote Server Administration Tool).

Seit dem Windows 10-Update vom Oktober 2018 müssen Sie dieses Tool nicht mehr herunterladen, es ist bereits als „Feature on Demand“ enthalten und muss nur aktiviert werden.

Dazu öffnen Sie die Windows-Einstellungen und suchen nach den „Optionalen Features“.

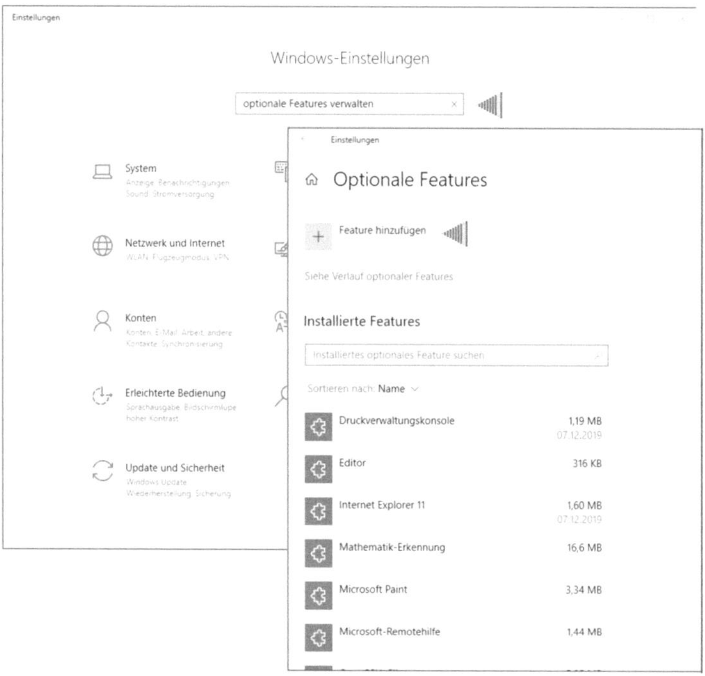

Abbildung 2.31: Optionale Features

Dort wählen Sie „Feature hinzufügen“.

Sie erhalten nun eine große Auswahl an Features, die Sie bei Bedarf einfach aktivieren können.

In unserem Beispiel wählen Sie „RSAT: Tools für Active Directory Domain Services und Lightweight Directory Services".

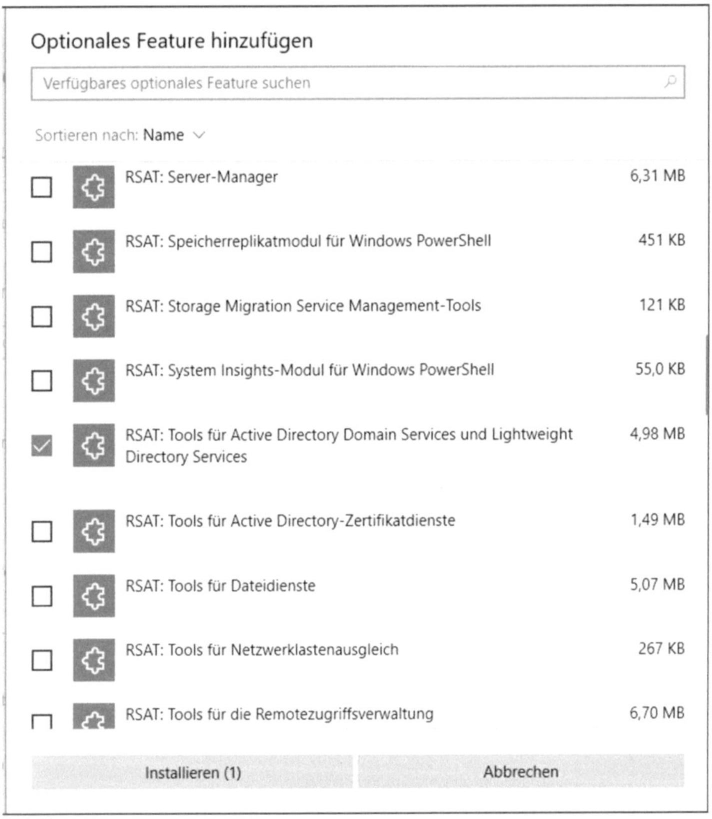

Abbildung 2.32: Auswahl der Tools

Nach einer kurzen Zeit ist das Feature installiert.

Wenn Sie nun erneut die Liste der verfügbaren Module anzeigen lassen, können Sie erkennen, dass das Modul „Active Directory" nun verfügbar ist.

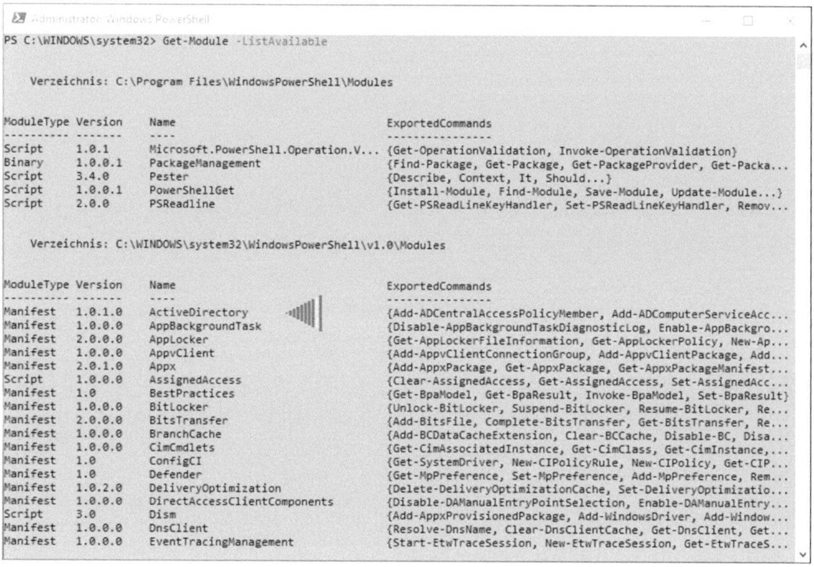

Abbildung 2.33: Modul ist verfügbar

Das Installieren von zusätzlichen Modulen für Backoffice-Produkte ist prinzipiell auch immer gleich:

Sie müssen lediglich die jeweiligen Verwaltungstools auf dem Client installieren, damit wird das PowerShell-Modul auch installiert.

2.6.3 Andere Module

Die PowerShell hat beinahe unendliche Möglichkeiten.

Das ist der Grund, warum es auch eine große Anzahl an PowerShell-Modulen im Internet zum Download gibt.

Das ist prinzipiell eine gute Sache, aber seien Sie vorsichtig, wenn Sie unbekannte Module herunterladen, Sie haben keine Garantie, dass sie sauber programmiert sind oder keine Schadsoftware enthalten.

Die einzige Ausnahme dafür ist die „PowerShell Gallery".

Dies ist eine Website, die von Microsoft verwaltet wird. Die dort zur Verfügung gestellten Module haben zumindest eine einfache

Sicherheitsprüfung erhalten, das bedeutet aber nur, dass sie keine offensichtliche Schadsoftware enthalten.

Die Funktion wird nicht überprüft, deswegen gibt es keine Garantie, dass die Module für Ihre Zwecke geeignet sind.

Sie finden die PowerShell Gallery unter folgender URL:
https://PowerShellGallery.com

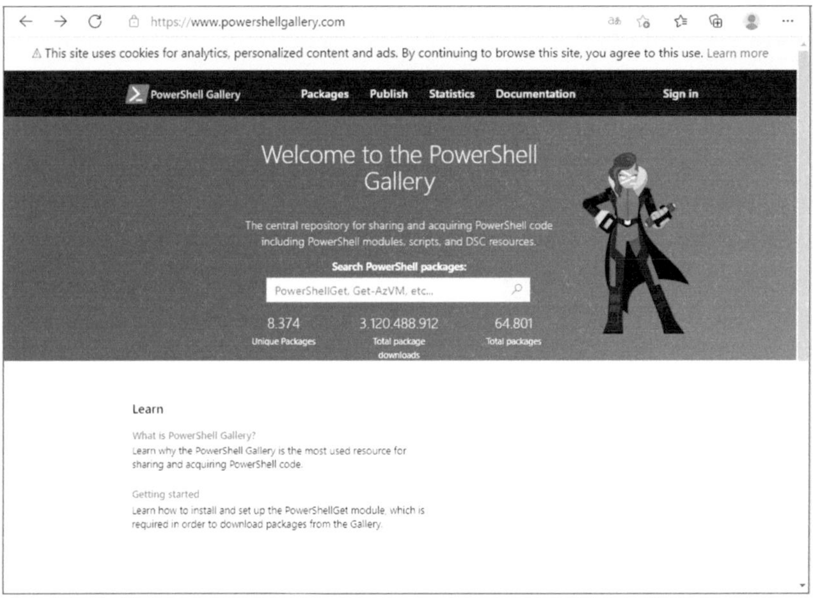

Abbildung 2.34: PowerShell Gallery

Nehmen Sie sich die Zeit und stöbern Sie dort nach interessanten Modulen.

2.7 Alias

Beinahe jeder hat bereits in der Kommandozeile Eingaben gemacht, wie

- Dir für die Anzeige der Inhalte des Ordners
- MD für das Erstellen eines Ordners

und vieles mehr.

Diese Befehle sind auch unter PowerShell verfügbar.

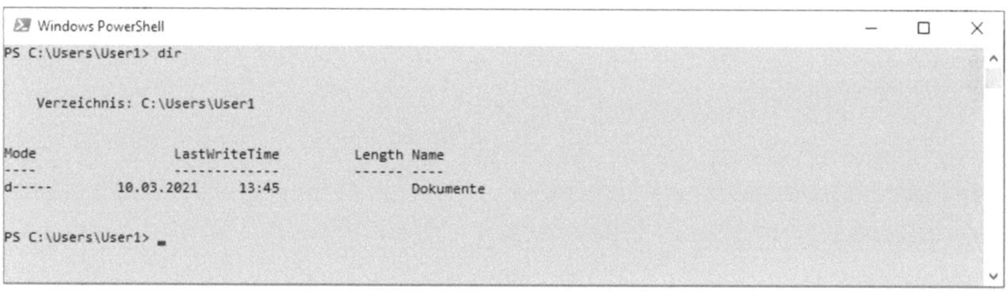

Abbildung 2.35: Dir

Aber wie kann das sein?

Wir haben doch gehört, dass PowerShell immer mit Cmdlets arbeitet, und für den Befehl „Dir" haben wir das Cmdlet

Get-ChildItem

kennengelernt.

Genau das ist der Punkt. Die „alten" Befehle, die uns so vertraut sind, werden aus Gründen der Abwärtskompatibilität beibehalten, sie werden als „Alias" für bestehende Cmdlets geführt.

Wir können die Liste der Alias-Definitionen betrachten, indem wir eingeben:

Get-Alias

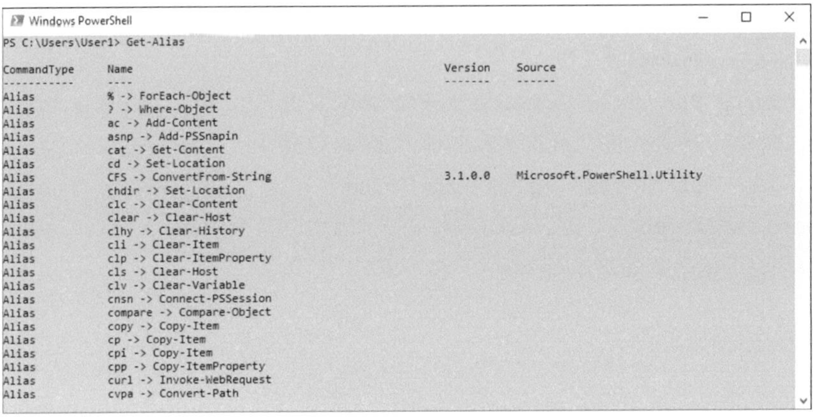

Abbildung 2.36: Liste der Alias

Sie können in dieser Liste jede Menge Befehle sehen, die Sie aus früheren Zeiten kennen, und deren Übersetzung in PowerShell Cmdlets.

Hierbei werden nicht nur Befehle aus der Windows-Welt als Alias geführt, sondern auch Befehle, die Sie aus Linux oder MacOS kennen.

Wenn Sie zum Beispiel wissen möchten, welche Alias das Cmdlet

Clear-Host

hat, können Sie das mithilfe folgenden Cmdlets überprüfen:

Get-Alias –Definition Clear-Host

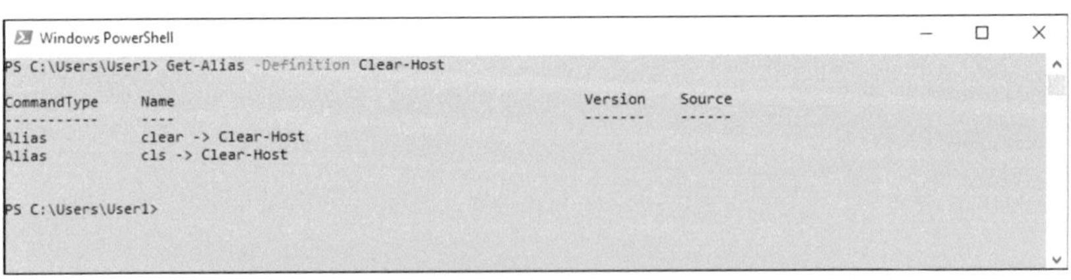

Abbildung 2.37: Get-Alias –Definition Clear-Host

Sie können erkennen, dass hier nicht nur das aus der Windows-Welt bekannte „cls" aufgeführt ist, sondern auch „clear", der Befehl aus der Linux-Welt.

Theoretisch können Sie auch eigene Alias anlegen, die dann während dieser PowerShell-Sitzung aktiv sind, aber davon sollten Sie Abstand nehmen.

Jeder Alias, den Sie anlegen, gilt nur für diese Sitzung, wenn Sie diese Einstellungen nicht in einem Profilskript ablegen, dazu später mehr.

Das größte Problem ist aber, dass per Alias eingegebene Befehle nicht auf einem anderen Rechner funktionieren werden, und Sie sie dort nicht verwenden können.

Deswegen ist diese Möglichkeit zwar vorhanden, Sie sollten es sich aber gut überlegen, ob es Sinn macht.

Ich möchte Ihnen aber die Syntax nicht vorenthalten.

Sie benötigen das Cmdlet

Set-Alias

mit dem Parameter

–Name,

der den zukünftigen Alias definiert und dem Parameter

–Value,

der besagt, welcher Befehl oder welches Cmdlet mit dem Alias ausgeführt werden soll.

Wenn Sie beispielsweise möchten, dass der grafische Taschenrechner aus der PowerShell mit dem Alias „Rechner" aufgerufen werden kann, lautet das Cmdlet dafür:

Set-Alias –Name Rechner –Value calc.exe

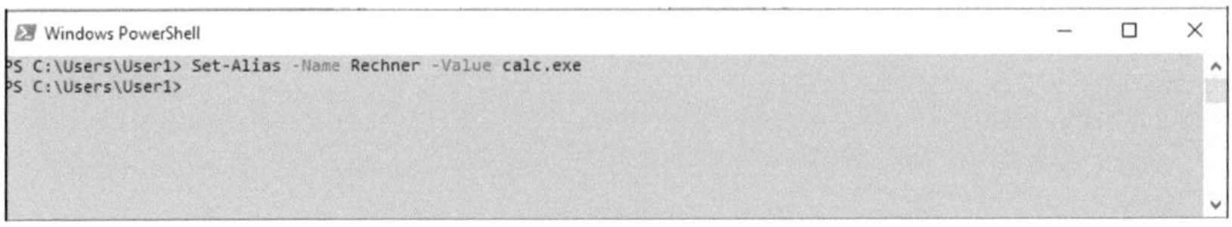

Abbildung 2.38: Definieren eines Alias

Danach können Sie den Taschenrechner durch Eingabe von „Rechner" starten.

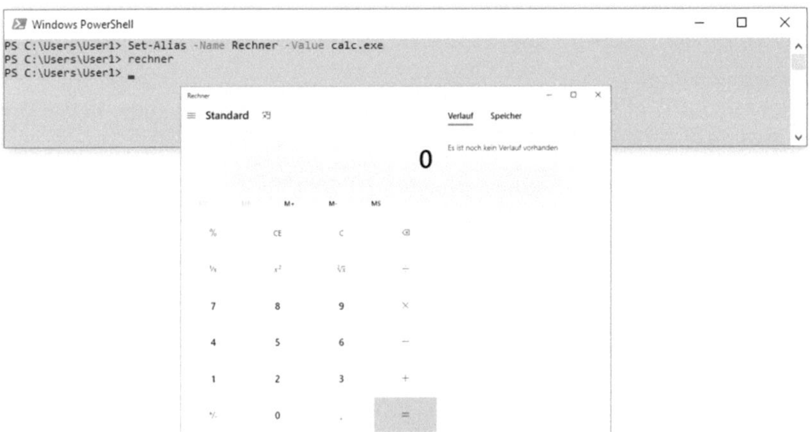

Abbildung 2.39: Starten des Taschenrechners mithilfe eines Alias

2.8 Aufgabe / Lösung

Sie haben nun schon gehört, wie Cmdlets aufgebaut sind und wie Sie mit Verben, Substantiven und Parametern arbeiten können.

Auch haben Sie von den besonderen Parametern „-WhatIf" und „-Confirm" gehört und wissen, wie man diese einsetzen kann.

Sie können bereits die Hilfe verwenden und wissen, dass alle Cmdlets in Modulen gespeichert sind, die Sie bei Bedarf nachladen können.

Auch der Begriff „Alias" ist Ihnen nicht mehr fremd.

Nun ist es an der Zeit, dass Sie versuchen, eine Aufgabe selber zu lösen.

Natürlich erhalten Sie auch eine Anleitung, wie diese Aufgabe zu lösen sein kann, aber Sie sollten es auf jeden Fall zunächst selber versuchen.

Betrachten Sie auch nicht die komplette Lösung auf einmal, holen Sie sich immer nur die eben gerade benötigten Anregungen, um die Aufgabe danach alleine weiter zu lösen.

2.8.1 Aufgabe

Ihre Aufgabe ist eine normale Alltagssituation.

Sie möchten Informationen über eine Netzwerkkarte auf Ihrem Computer.

Erster Teilschritt

Suchen Sie ein Cmdlet, mit dem Sie die IP-Konfiguration der Netzwerkkarten im System anzeigen können.

Zweiter Teilschritt

Benutzen Sie dieses Cmdlet und zeigen Sie damit die IP-Konfiguration für alle Adapter im System an.

Dritter Teilschritt

Nun möchten Sie die Ausgabe auf eine bestimmte Netzwerkkarte einschränken.

Versuchen Sie, dies mithilfe eines Parameters zu lösen. Benutzen Sie gerne auch die Hilfefunktion.

2.8.2 Lösung

Bitte versuchen Sie, die Aufgabe alleine zu lösen und überprüfen Sie nur, ob Ihr Lösungsansatz richtig ist.

Sollten Sie Hilfe benötigen, lesen Sie bitte nur die Lösung für den jeweiligen Teilschritt.

Erster Teilschritt

Das Cmdlet beginnt mit dem Verb „Get“. Da eine Information angezeigt werden soll.

Das Substantiv wird mit großer Wahrscheinlichkeit irgendwo im Namen die Zeichenkette „IP“ tragen.

Um das richtige Substantiv zu finden, geben Sie ein

*Get-Command –Verb Get –Noun *IP**

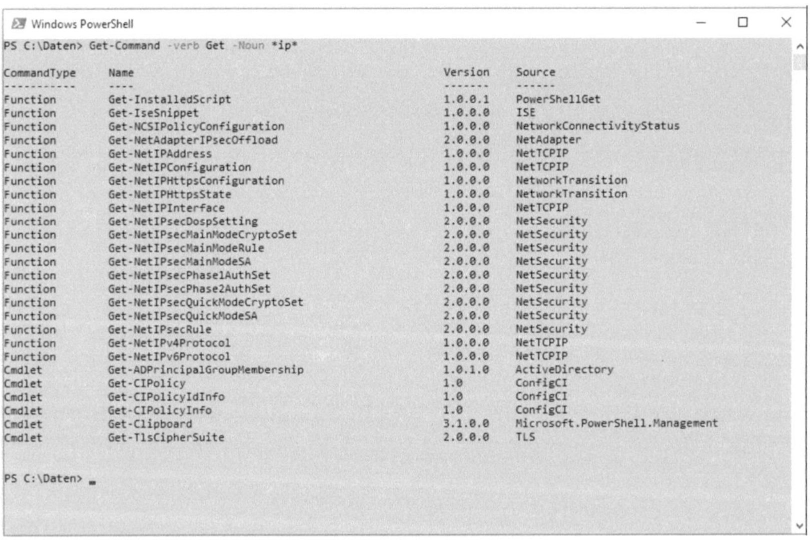

```
Windows PowerShell
PS C:\Daten> Get-Command -verb Get -Noun *ip*

CommandType     Name                                   Version    Source
-----------     ----                                   -------    ------
Function        Get-InstalledScript                    1.0.0.1    PowerShellGet
Function        Get-IseSnippet                         1.0.0.0    ISE
Function        Get-NCSIPolicyConfiguration            1.0.0.0    NetworkConnectivityStatus
Function        Get-NetAdapterIPsecOffload             2.0.0.0    NetAdapter
Function        Get-NetIPAddress                       1.0.0.0    NetTCPIP
Function        Get-NetIPConfiguration                 1.0.0.0    NetTCPIP
Function        Get-NetIPHttpsConfiguration            1.0.0.0    NetworkTransition
Function        Get-NetIPHttpsState                    1.0.0.0    NetworkTransition
Function        Get-NetIPInterface                     1.0.0.0    NetTCPIP
Function        Get-NetIPsecDospSetting                2.0.0.0    NetSecurity
Function        Get-NetIPsecMainModeCryptoSet          2.0.0.0    NetSecurity
Function        Get-NetIPsecMainModeRule               2.0.0.0    NetSecurity
Function        Get-NetIPsecMainModeSA                 2.0.0.0    NetSecurity
Function        Get-NetIPsecPhase1AuthSet              2.0.0.0    NetSecurity
Function        Get-NetIPsecPhase2AuthSet              2.0.0.0    NetSecurity
Function        Get-NetIPsecQuickModeCryptoSet         2.0.0.0    NetSecurity
Function        Get-NetIPsecQuickModeSA                2.0.0.0    NetSecurity
Function        Get-NetIPsecRule                       2.0.0.0    NetSecurity
Function        Get-NetIPv4Protocol                    1.0.0.0    NetTCPIP
Function        Get-NetIPv6Protocol                    1.0.0.0    NetTCPIP
Cmdlet          Get-ADPrincipalGroupMembership         1.0.1.0    ActiveDirectory
Cmdlet          Get-CIPolicy                           1.0        ConfigCI
Cmdlet          Get-CIPolicyIdInfo                     1.0        ConfigCI
Cmdlet          Get-CIPolicyInfo                       1.0        ConfigCI
Cmdlet          Get-Clipboard                          3.1.0.0    Microsoft.PowerShell.Management
Cmdlet          Get-TlsCipherSuite                     2.0.0.0    TLS

PS C:\Daten>
```

Abbildung 2.40: Suche nach dem Cmdlet

Bei genauer Betrachtung kann hier das Cmdlet

Get-NetIPAddress

richtig sein.

Zweiter Teilschritt

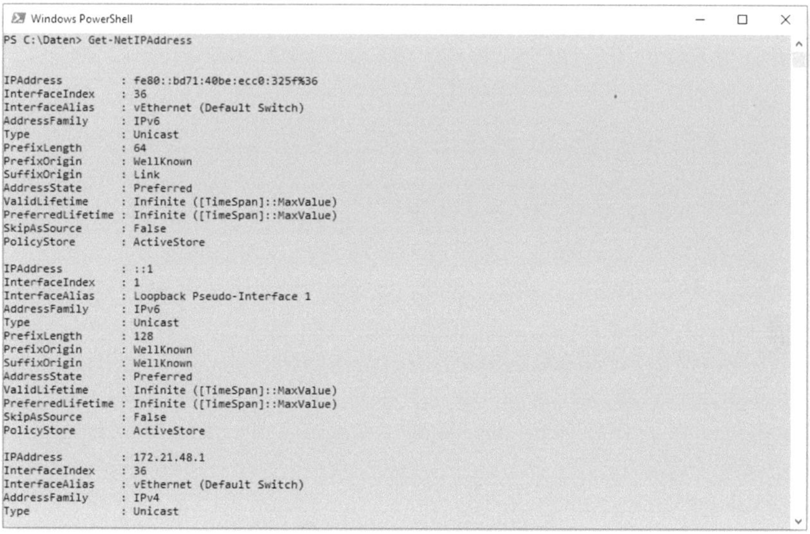

Abbildung 2.41: Get-NetIPAddress

Dritter Teilschritt

Für diesen Teilschritt gibt es mehrere mögliche Lösungen. Lassen Sie uns eine davon betrachten.

Sollten Sie auf andere Art ans Ziel gekommen sein, ist das natürlich genauso richtig!

Zunächst betrachten Sie die Ausgabe genau und erkennen, dass viele Informationen für jede einzelne Schnittstelle angezeigt werden, unter anderem auch eine Ordnungszahl für die jeweilige Netzwerkkarte, mit Namen „InterfaceIndex“.

Nun überprüfen Sie, welche Parameter für das Cmdlet „Get-NetIPAddress“ zur Verfügung stehen, indem Sie nach dem Cmdlet einen „-„ eingeben und dann die „Tab-Taste“ drücken.

Abbildung 2.42: InterfaceIndex

Unter anderem gibt es einen Parameter mit dem Namen „InterfaceIndex“.

Diesen wählen Sie aus.

Dann müssen Sie nur noch die Ordnungszahl des Netzwerkadapters eingeben und Sie erhalten danach die gewünschte Auswahl.

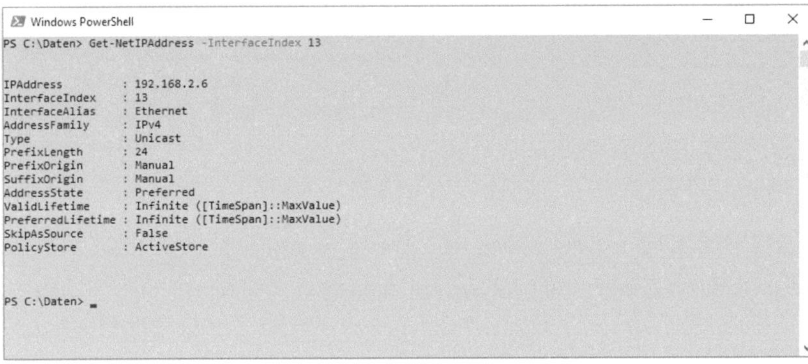

Abbildung 2.43: Aufgabe ist gelöst

3 Erste Verwaltungsaufgaben

Nachdem wir die Grundlagen geklärt haben, können wir nun in die ersten Verwaltungsaufgaben einsteigen, die Sie mit der PowerShell erledigen können.

3.1 Die Verwaltung des Dateisystems

Beginnen wir mit einer täglichen Aufgabe, der Verwaltung des Dateisystems.

All diese Cmdlets sind in einem integrierten Modul zu finden:

Microsoft.PowerShell.Management

Hier sehen Sie eine Auswahl an Cmdlets, die für diese Tasks benutzt werden können:

Name des Cmdlets	**Einsatzzweck:** **Tasks im Zusammenhang mit…**
ChildItem	…allen Elementen in einem Ordner
Content	…Inhalten
ItemProperty	…Eigenschaften von Elementen
Location	…dem Speicherort

Es gibt noch einige weitere Cmdlets, zu denen kommen wir aber später.

3.1.1 ChildItem

Das Substantiv „ChildItem“ haben wir schon zuvor betrachtet, trotzdem möchte ich mit ihm beginnen.

Mit dem Cmdlet

Get-Command –noun ChildItem

Können wir alle möglichen Verben anzeigen lassen, mit denen ein sinnvolles Cmdlet erstellt werden kann.

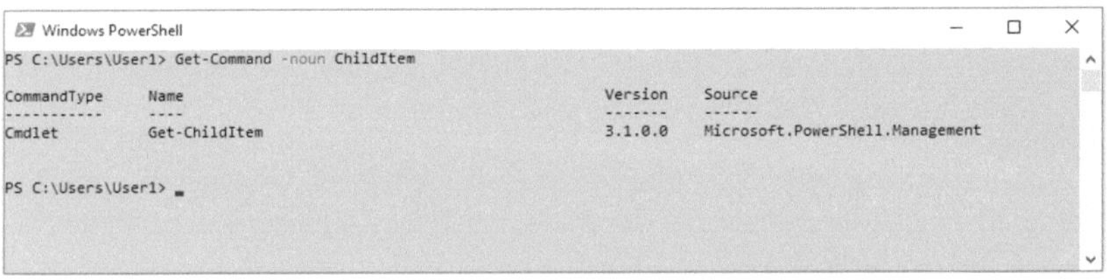

Abbildung 3.1: Verben des Substantivs „ChildItem“

Sie erkennen, dass es nur ein einziges Cmdlet gibt, das mit dem Substantiv „ChildItem“ gebildet werden kann, nämlich das uns schon bekannte „Get-ChildItem“.

Mit diesem Cmdlet können wir alle Elemente in einem Ordner anzeigen lassen.

Wir erkennen auch, welches Modul dieses Cmdlet zur Verfügung stellt, nämlich Microsoft.PowerShell.Management.

Dieses Modul stellt alle Cmdlets zur Verfügung, die die Bearbeitung von Laufwerken betreffen!

3.1.2 Content

Lassen Sie uns die möglichen Cmdlets mit dem Substantiv „Content“ betrachten.

Get-Command –noun Content

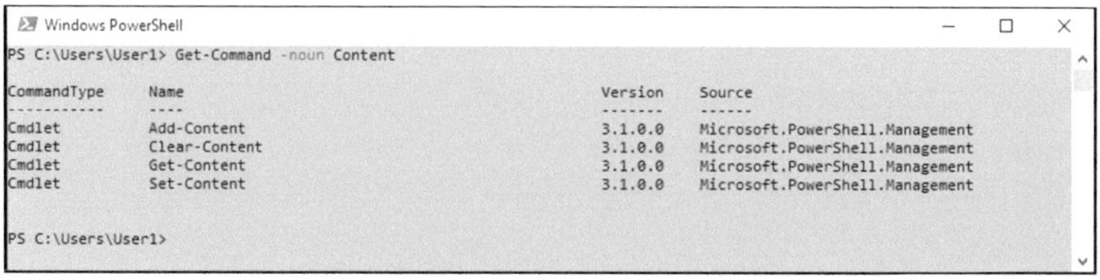

Abbildung 3.2: Substantiv „Content“

Sie sehen, es gibt vier mögliche Cmdlets,

- Add-Content
- Clear-Content
- Get-Content
- Set-Content

Wir haben bereits gehört, dass das Substantiv „Content” sich auf die Inhalte eines Elements bezieht. Das bedeutet, dass Sie mithilfe dieses Cmdlets Inhalte einer Datei bearbeiten können.

Bei allen Cmdlets mit „Content“ ist die Syntax

<Verb>-Content –Path <AngabeDesPfadsUndDerDatei>

Oft wird noch ein zusätzlicher Parameter benötigt:

-Value <ZuBearbeitenderInhalt>

Add Content

Das Cmdlet „Add-Content” fügt einen Inhalt hinzu.

Ein Beispiel

Ich habe eine Datei mit dem Namen „Datei.txt“ im Ordner C:\Daten.

Dieser Datei möchte ich den Text „Ein freundliches Hallo“ am Ende anfügen.

Dazu benutze ich das Cmdlet

Add-Content –Path C:\Daten\Datei.txt –Value „Ein freundliches Hallo.“

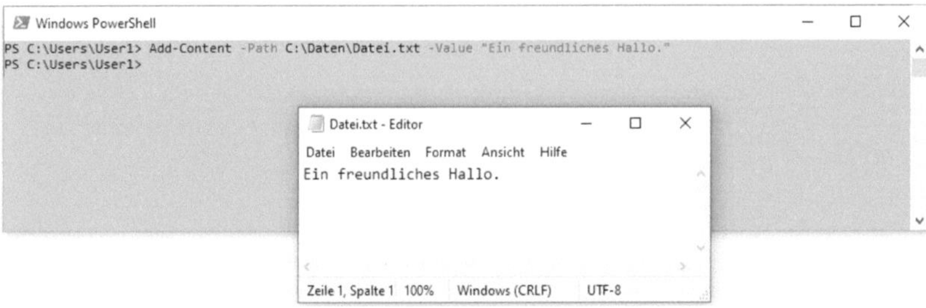

Abbildung 3.3: Inhalt ist hinzugefügt

Warum muss der Wortlaut in Anführungszeichen angegeben werden?

Das ist immer dann nötig, wenn der Text aus mehreren Wörtern besteht, die mit einem Leerzeichen getrennt sind. PowerShell kann eine getrennte Zeichenkette nicht als zusammengehörig identifizieren, und es erscheint dann eine Fehlermeldung.

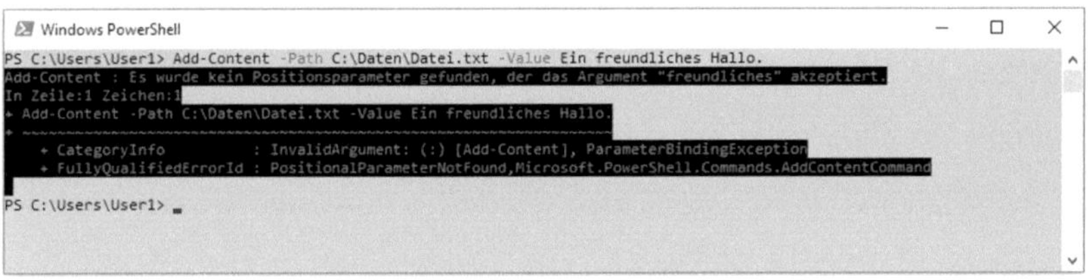

Abbildung 3.4: Fehlermeldung

Die Eingabe einer Zeichenkette ohne Anführungszeichen funktioniert nur, wenn es sich um ein einzelnes Wort handelt, also um eine Zeichenkette ohne Leerzeichen.

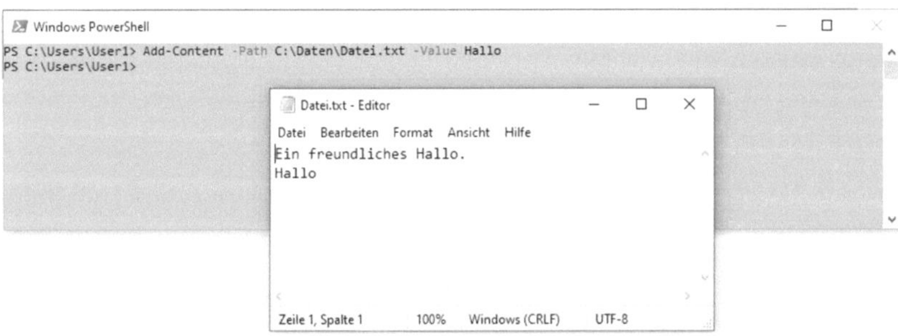

Abbildung 3.5: Zeichenkette ohne Leerzeichen

Ich habe mir angewöhnt, alle Zeichenketten immer mit Anführungszeichen einzugeben, das ist eine sichere Variante.

Clear-Content

Mit dem Cmdlet Clear-Content können Sie Inhalte löschen.

Mit dem Cmdlet

Clear-Content –Path

löschen Sie den Inhalt, aber nicht die Datei selber.

Wenn Sie

Clear-Content –Path C:\Daten\Datei.txt

als Cmdlet angeben, wird der Inhalt der Datei gelöscht, die Datei selber bleibt aber bestehen.

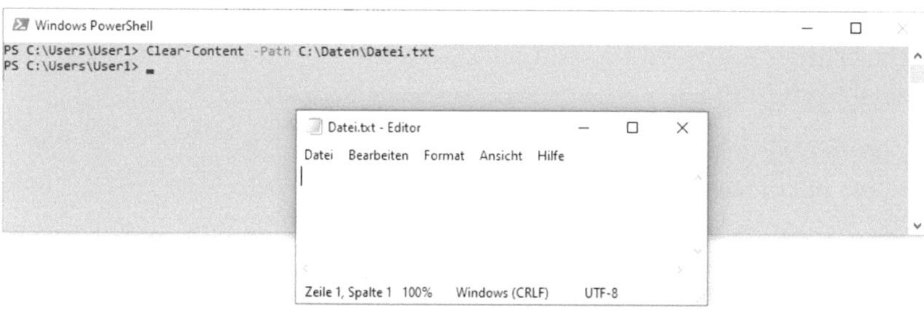

Abbildung 3.6: Inhalte sind gelöscht

Bitte merken Sie sich:
„Clear“ ist nur das Löschen des Inhalts, nicht das Löschen des Elements selber!

Get-Content

Das Cmdlet Get-Content“ ist sehr einfach, mit ihm wird der Inhalt einer Datei angezeigt.

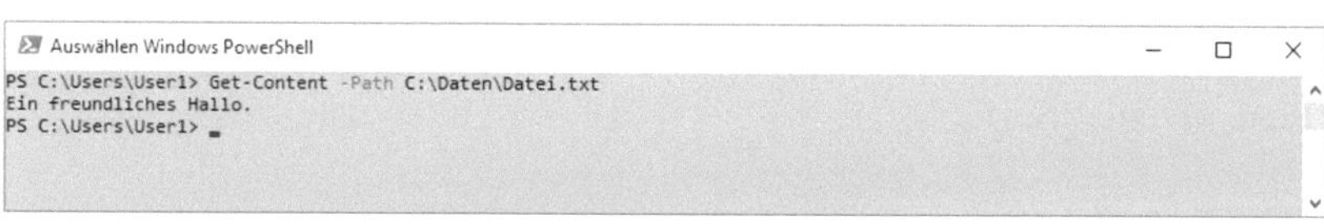

Abbildung 3.7: Get-Content

Die Syntax ist hier sehr einfach, es muss nur der Pfad zur Datei angegeben werden.

Set-Content

Das letzte Cmdlet aus dieser Gruppe ist „Set-Content", welches Inhalt in eine Datei schreibt oder ersetzt.

Halt, werden Sie sagen, Inhalt hinzufügen haben wir doch schon mit „Add-Content" erledigt.

Das ist richtig, aber bei diesen zwei Cmdlets gibt es einen kleinen, aber feinen Unterschied.

Während „Add-Content" Inhalte hinzufügt, also am Ende der Datei **anfügt**, löst das Cmdlet „Set-Content" eine **Ersetzung** des vorhandenen Inhalts aus.

Wenn ich also in der Datei „Datei.txt" bereits den Text „Ein freundliches Hallo" habe, und benutze das Cmdlet

Set-Content –Path C:\Daten\Datei.txt –Value „Wie geht es Ihnen?"

Dann wird der Text nicht ergänzt, sondern komplett ersetzt.

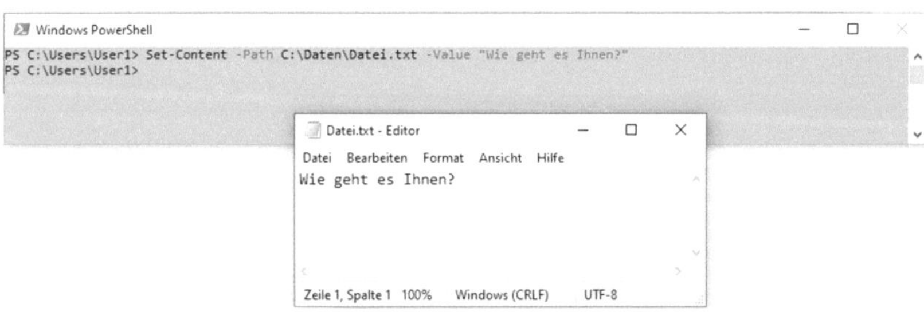

Abbildung 3.8: Text wird ersetzt

Bitte merken Sie sich:
„Set-Content" ersetzt den Inhalt
„Add-Content" fügt Inhalt an

3.1.3 ItemProperty

Betrachten wir die möglichen Cmdlets des Substantivs „ItemProperty“.

```
Windows PowerShell
PS C:\Users\User1> Get-Command -noun ItemProperty

CommandType     Name                                               Version    Source
-----------     ----                                               -------    ------
Cmdlet          Clear-ItemProperty                                 3.1.0.0    Microsoft.PowerShell.Management
Cmdlet          Copy-ItemProperty                                  3.1.0.0    Microsoft.PowerShell.Management
Cmdlet          Get-ItemProperty                                   3.1.0.0    Microsoft.PowerShell.Management
Cmdlet          Move-ItemProperty                                  3.1.0.0    Microsoft.PowerShell.Management
Cmdlet          New-ItemProperty                                   3.1.0.0    Microsoft.PowerShell.Management
Cmdlet          Remove-ItemProperty                                3.1.0.0    Microsoft.PowerShell.Management
Cmdlet          Rename-ItemProperty                                3.1.0.0    Microsoft.PowerShell.Management
Cmdlet          Set-ItemProperty                                   3.1.0.0    Microsoft.PowerShell.Management

PS C:\Users\User1>
```

Abbildung 3.9: ItemProperty

Mit den Cmdlets „ItemProperty“ können Sie die Eigenschaft von Elementen beeinflussen.

Für unseren momentanen Einsatzzweck, der Verwaltung des Dateisystems, werden allerdings nur die Cmdlets

Get-ItemProperty

Set-ItemProperty

benutzt.

Über die Einsatzzwecke der restlichen Cmdlets unterhalten wir uns noch in diesem Kapitel, aber lassen Sie uns fürs Erste bei den beiden Cmdlets für die Verwaltung des Dateisystems bleiben.

Get-ItemProperty

Dieses Cmdlet ist schnell erklärt:

Es stellt alle Eigenschaften eines Elements dar.

Hier lasse ich die Eigenschaften der Datei Datei.txt anzeigen.

Get-ItemProperty –Path C:\Daten\Datei.txt

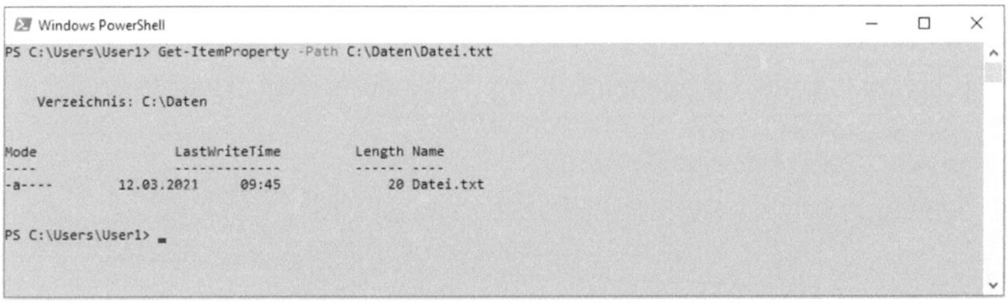

Abbildung 3.10: Get-ItemProperty

Sie können Zeit und Datum der letzten Änderung erkennen, Dateigröße und den Namen der Datei.

Und Sie können die Dateiattribute erkennen.

Hier gibt es folgende Möglichkeiten:

- A: Archiv
- H: Versteckte Datei (Hidden)
- S: Systemdatei, bzw. –Ordner
- R: Schreibgeschützt (ReadOnly)

Set-ItemProperty

Ich möchte eine dieser Eigenschaften ändern, und der Datei das Attribut „Schreibgeschützt“ zuweisen.

Dafür benutze ich das Cmdlet

Set-ItemProperty

Mit den Parametern

–Path C:\Daten\Datei.txt

-Name IsReadOnly

- Value $true

Wenn ich danach die Eigenschaften kontrolliere, sehe ich, dass das Attribut „r“ nun gesetzt ist.

```
Windows PowerShell
PS C:\Users\User1> Set-ItemProperty -Path C:\Daten\Datei.txt -Name IsReadOnly -Value $true
PS C:\Users\User1> Get-ItemProperty -Path C:\Daten\Datei.txt


    Verzeichnis: C:\Daten


Mode                 LastWriteTime         Length Name
----                 -------------         ------ ----
-ar---        12.03.2021     09:45             20 Datei.txt


PS C:\Users\User1>
```

Abbildung 3.11: Attribut geändert

Natürlich kann ich das Attribut „ReadOnly“ wieder entfernen, indem ich das Cmdlet erneut eingebe, aber das Attribut „-Value“ mit „false“ angebe.

Set-ItemProperty –Path C:\Daten\Datei.txt -Name IsReadOnly - Value $false

```
Windows PowerShell
PS C:\Users\User1> Set-ItemProperty -Path C:\Daten\Datei.txt -Name IsReadOnly -Value $False
PS C:\Users\User1> Get-ItemProperty -Path C:\Daten\Datei.txt


    Verzeichnis: C:\Daten


Mode                 LastWriteTime         Length Name
----                 -------------         ------ ----
-a----        12.03.2021     09:45             20 Datei.txt


PS C:\Users\User1>
```

Abbildung 3.12: Attribut wieder entfernt

3.1.4 Location

Gehen wir zu den Cmdlets mit dem Substantiv „Location“.

```
Windows PowerShell
PS C:\Users\User1> Get-Command -noun Location

CommandType     Name                                               Version    Source
-----------     ----                                               -------    ------
Cmdlet          Get-Location                                       3.1.0.0    Microsoft.PowerShell.Management
Cmdlet          Pop-Location                                       3.1.0.0    Microsoft.PowerShell.Management
Cmdlet          Push-Location                                      3.1.0.0    Microsoft.PowerShell.Management
Cmdlet          Set-Location                                       3.1.0.0    Microsoft.PowerShell.Management


PS C:\Users\User1>
```

Abbildung 3.13: Location

Get-Location

Mit dem Cmdlet „Get-Location“ können Sie Ihren aktuellen Pfad erkennen.

Abbildung 3.14: Get-Location

Das ist jetzt nicht wirklich spannend, denn den Pfad sieht man ja auch schon in der Kommandozeile, aber nicht jedes Cmdlet kann spannend sein.

Set-Location

Mit dem Cmdlet

Set-Location

und der Angabe des Pfads können Sie in ein anderes Verzeichnis wechseln.

Abbildung 3.15: Set-Location

Hier sehen Sie ein weiteres Beispiel für einen Positionsparameter.

Sie können die Pfadangabe nämlich sowohl mit dem Parameter

-path

angeben, als auch ohne.

Abbildung 3.16: Set –Location mit –Path

Eine Abfrage mit dem Parameter
Get-Help –Name Set-Location –Parameter Path

bestätigt diese Annahme.

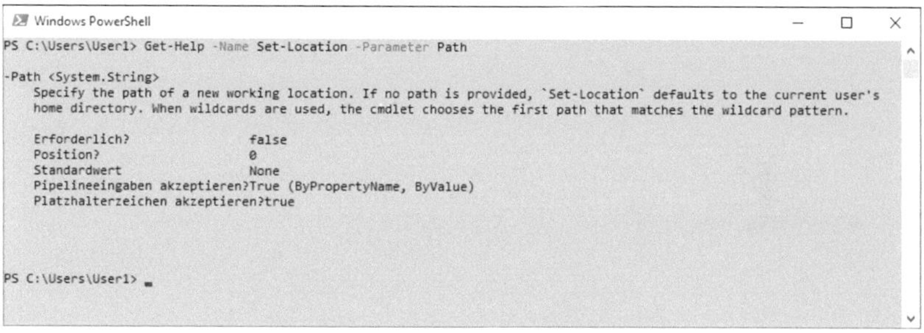

Abbildung 3.17: Positionsparameter

Push-Location

Eine sehr praktische Möglichkeit, mit verschiedenen Pfaden zu arbeiten, ist das Speichern ausgewählter Pfade.

Diese Pfade werden in einem sogenannten Stapel gespeichert. Ein Stapel ist eine Liste mit den Verläufen und damit die Voraussetzung, an diese Speicherpfade zurückzukehren.

Der Begriff „Stapel“ ist in vielen Programmiersprachen ein feststehender Begriff.

Sie können sich einen Stapel so vorstellen, wie einen beliebigen physischen Stapel:

Das letzte Element, dass auf den Stapel gelegt worden ist, ist auch das erste Element, dass wieder von ihm genommen werden kann.

Um beispielsweise vom normalen Profilpfad zum Pfad „C:\Daten“ zu wechseln geben Sie ein

Push-Location –Path C:\Daten

Abbildung 3.18: Push-Location

Mit diesem Befehl haben Sie zwei Dinge gleichzeitig bewerkstelligt:

- Sie haben den vorherigen Pfad (C:\Users\User1) auf einen Stapel gelegt
- Sie haben den aktuellen Pfad gewechselt zu C:\Daten

Diesen Vorgang können Sie wiederholen und mehrere Pfade auf den Stapel legen, zum Beispiel durch

Push-Location -Path C:\Windows

Den aktuellen Pfad können Sie natürlich immer mit dem Cmdlet

Get-Location

überprüfen.

In den Programmiersprachen wird dieses Herunternehmen eines Elements vom Stapel oft als „Element mit Pop aus dem Stapel entfernen" bezeichnet.

Pop-Location

Um zu den zuvor auf den Stapel gelegten Pfaden zurückzukehren, geben Sie folgendes Cmdlet ein:

Pop-Location

Abbildung 3.19: Pop-Location

Damit können wir immer auf das letzte Element auf dem Stapel zurückspringen.

Um das Ergebnis des Cmdlets genauer anzeigen zu lassen, können wir mit dem Parameter

-PassThru

arbeiten.

Abbildung 3.20: -PassThru

Mit diesem Parameter wird zusätzlich das momentane Verzeichnis angezeigt.

3.2 Laufwerke unter PowerShell

Bisher haben wir uns mit dem Dateisystem und dessen Bearbeitung mithilfe der PowerShell beschäftigt.

Den Begriff „Laufwerk“ kennen Sie aus diesem Zusammenhang bereits sehr gut, der stellt die verschiedenen Ressourcen dar, auf die Sie zugreifen können um Daten zu organisieren.

PowerShell definiert den Begriff „Laufwerke“ allerdings etwas weiter.

Für PowerShell ist ein Laufwerk prinzipiell jeder Datenspeicherort, auf den auf irgendeine Art zugegriffen werden kann.

Das sind natürlich unsere Dateisystemlaufwerke, beispielsweise C:\.

Aber es gibt in der Definition von PowerShell auch Laufwerke, auf die wir über den Windows Explorer nicht so zugreifen können, wie auf die Dateisystemlaufwerke.

Hier sind als Beispiel die Registry-Laufwerke

- HKCU
- HKLM

zu nennen.

Natürlich sind diese Laufwerke irgendwo im Dateisystem gespeichert, aber ein direkter Zugriff über den Explorer ist nicht möglich, wir benötigen dafür eine Verwaltungsoberfläche, wie die App „Regedit.exe“.

Ein weiteres Beispiel ist das Zertifikatslaufwerk, in dem (falls vorhanden) die Zertifikate gespeichert werden.

Was bringt diese Definition als Laufwerk?

Durch die Definition relevanter Speicherorte als PowerShell Laufwerke können Sie auf diese innerhalb einer PowerShell-Sitzung sehr einfach zugreifen und dort Änderungen vornehmen.

Lassen Sie uns eine Liste mit den Laufwerken betrachten, die von der PowerShell verwaltet werden.

Das Substantiv für PowerShell-Laufwerke ist

PSDrive

Damit ist das Cmdlet für die Anzeige

Get-PSDrive

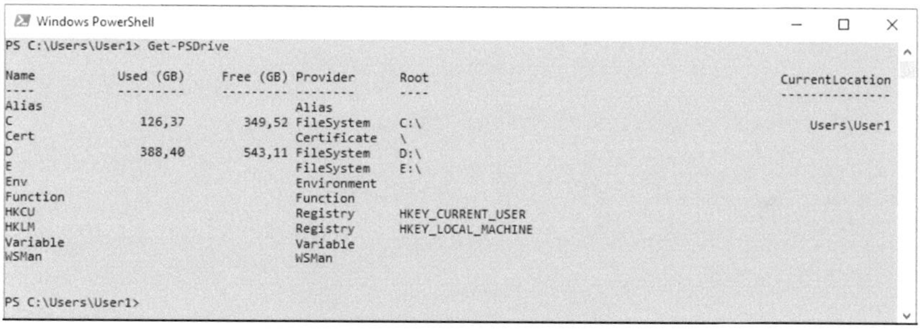

Abbildung 3.21: Get-PSDrive

Beschränken wir uns zunächst auf die Analyse der Laufwerke, die das Dateisystem betreffen.

Wir können das Laufwerk C:\ erkennen, mit dem wir die bisherigen Dateioperationen vorgenommen haben.

In diesem Fall gibt es auch noch die Laufwerke D:\ und E:\.

Die tatsächliche Anzahl der Laufwerke, die durch das Dateisystem zur Verfügung gestellt werden, hängt natürlich von der Hardware ab.

Das Laufwerk C:\ gibt uns aber noch mehr Informationen.

Wir können den gesamten Speicherplatz erkennen und auch den freien Speicherplatz.

3.2.1 Provider

Interessant ist die Spalte „Provider“.

PowerShell definiert Laufwerke durch Provider.

Provider sind Anbieter, die den Zugriff auf Datenspeicher zur Verfügung stellen.

Der Provider für Laufwerk C:\ ist „Filesystem“.

Sie können erkennen, dass es noch einige andere Provider gibt, die Zugriff auf bestimmte Daten bereitstellen.

So gibt es den Provider „Registry“, der Zugriff auf HKCU und HKLM zur Verfügung stellt.

Dies sind die Provider, die automatisch bei PowerShell verfügbar sind.

Sie können andere Provider bei Bedarf nachinstallieren.

3.2.2 Arbeiten mit Laufwerken

Das Arbeiten mit PowerShell Laufwerken ist ähnlich dem Arbeiten mit dem Dateisystem. Einige Details sollten wir allerdings betrachten.

Wechseln zwischen Laufwerken

Wenn Sie auf ein anderes Laufwerk wechseln wollen, benutzen Sie das Cmdlet

Set-Location

und geben danach den entsprechenden Namen an, gefolgt von einem Doppelpunkt.

Zum Wechseln auf die Registry HKCU benutzen Sie folgendes Cmdlet:

Set-Location HKCU:

Abbildung 3.22: Wechsel auf HKCU

Der Doppelpunkt wird an dieser Stelle gerne vergessen.

Aber es ist nichts anderes, als das Wechseln auf ein anderes Laufwerk im Dateisystem.

> **Merken Sie sich:**
>
> Wenn Sie auf ein komplettes Laufwerk wechseln, benötigen Sie den Doppelpunkt, wenn Sie auf einen bestimmten Pfad wechseln, wird er nicht benötigt.

Abbildung 3.23: Wechsel in einen bestimmten Pfad

Definieren von eigenen Laufwerken

PowerShell gibt Ihnen eine große Flexibilität beim Arbeiten mit Laufwerken.

Nehmen wir an, Sie müssen häufig mit einem Pfad arbeiten, der sich unter

C:\Daten\Meine Daten\Geheim

verbirgt.

In diesem Fall wäre es praktisch, diesem Pfad ein eigenes Laufwerk zuzuordnen.

Das ist problemlos möglich mit dem Cmdlet

New-PSDrive

Sie benötigen die Parameter

-Name (Angabe des Laufwerksbuchstaben)

-PSProvider (Angabe des Providers, in diesem Fall „Filesystem“)

-Root (Angabe des Pfads, in diesem Fall „C:\Daten\Meine Daten\Geheim“)

Das komplette Cmdlet lautet also:

New-PSDrive –Name Z –PSProvider Filesystem –Root „C:\Daten\Meine Daten\Geheim“

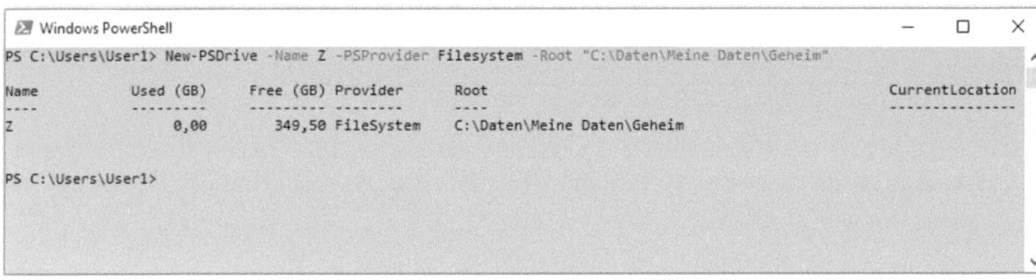

Abbildung 3.24: Neues Laufwerk erstellen

Dieses Laufwerk wird nun angezeigt, wenn Sie *Get-PSDrive* eingeben.

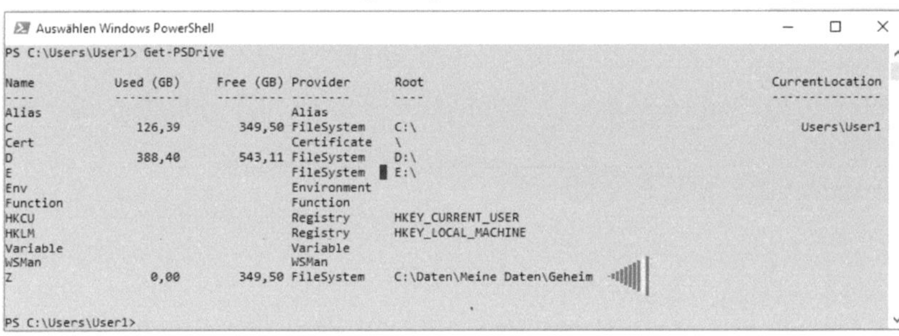

Abbildung 3.25: Laufwerk ist vorhanden

In dieses Laufwerk können Sie nun problemlos wechseln und dort auch arbeiten.

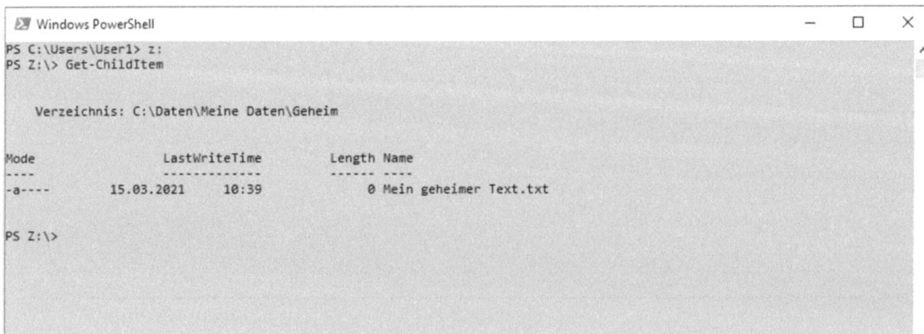

Abbildung 3.26: Wechsel in ein Laufwerk

„Item“ und „ItemProperty“

Betrachten wir nun einige Cmdlets, mit denen Sie auch bei PowerShell Laufwerken, die nicht auf dem Provider „FileSystem“ beruhen, Arbeiten erledigen können.

Zunächst ist hier das Substantiv „Item“ sehr interessant.

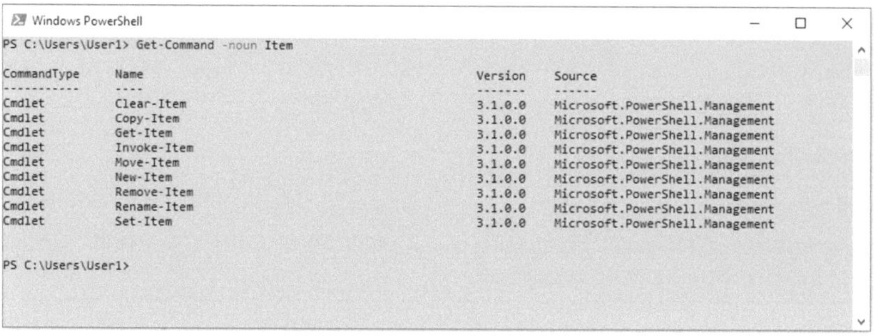

```
Windows PowerShell
PS C:\Users\User1> Get-Command -noun Item

CommandType     Name                                               Version    Source
-----------     ----                                               -------    ------
Cmdlet          Clear-Item                                         3.1.0.0    Microsoft.PowerShell.Management
Cmdlet          Copy-Item                                          3.1.0.0    Microsoft.PowerShell.Management
Cmdlet          Get-Item                                           3.1.0.0    Microsoft.PowerShell.Management
Cmdlet          Invoke-Item                                        3.1.0.0    Microsoft.PowerShell.Management
Cmdlet          Move-Item                                          3.1.0.0    Microsoft.PowerShell.Management
Cmdlet          New-Item                                           3.1.0.0    Microsoft.PowerShell.Management
Cmdlet          Remove-Item                                        3.1.0.0    Microsoft.PowerShell.Management
Cmdlet          Rename-Item                                        3.1.0.0    Microsoft.PowerShell.Management
Cmdlet          Set-Item                                           3.1.0.0    Microsoft.PowerShell.Management

PS C:\Users\User1>
```

Abbildung 3.27: Substantiv „Item“

Die Bedeutung ist relativ klar, mit dem Substantiv „Item“ können Sie Elemente erstellen und bearbeiten.

Wenn ich beispielsweise in der Registry einen neuen Eintrag erstellen möchte, der im Hive

HKLM\System\Select

zu finden ist, mit Namen

Test1

benutze ich das Cmdlet

New-Item HKLM:\System\Select –Name Test1

ACHTUNG!

Bei Änderungen an der Registry müssen Sie die PowerShell-Konsole als Administrator öffnen!

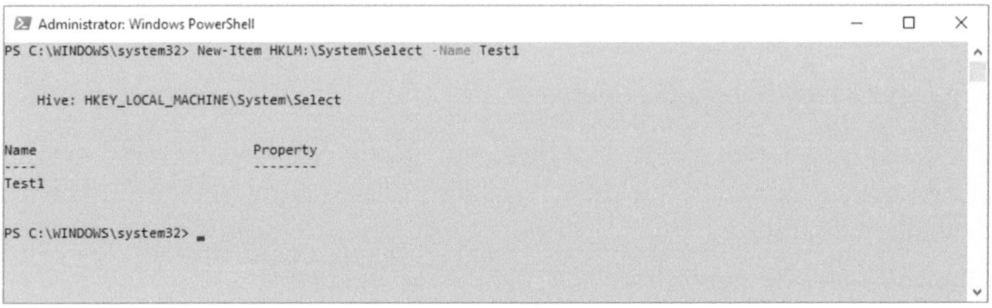

Abbildung 3.28: Erstellen eines neuen Eintrags

Nun möchte ich diesem Eintrag Eigenschaften hinzufügen. Dafür benutze ich

ItemProperty

Die Cmdlets mit dem Substantiv „ItemProperty" haben wir zum Teil ja bereits im Dateisystem betrachtet.

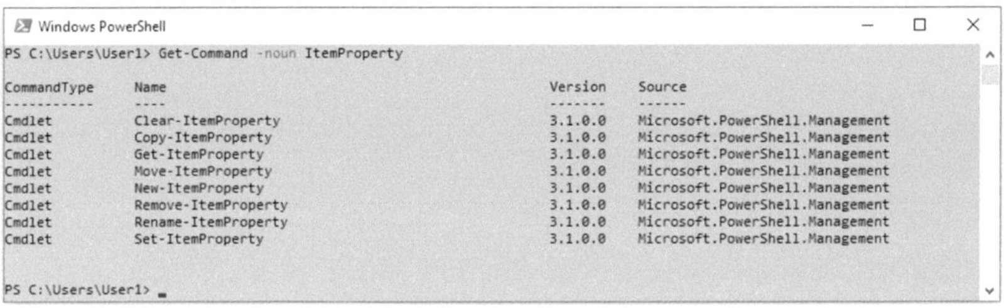

Abbildung 3.29: ItemProperty

Mit den Cmdlets „ItemProperty" können Sie die Eigenschaft von Elementen beeinflussen.

Bisher haben wir dabei nur

Get-ItemProperty

Set-ItemProperty

benutzt.

Mit

New-ItemProperty

habe ich nun die Möglichkeit, dem eben erstellten Registry-Eintrag Werte zuzuweisen.

Ich möchte, dass dem Eintrag folgende Eigenschaften zugewiesen werden:

Eigenschaft1: 1234

Eigenschaft2: Hallo

Dafür benutze ich die Cmdlets:

New-ItemProperty –Path *HKLM:\System\Select\Test1 –Name Eigenschaft1 –Value 1234*

New-ItemProperty –Path *HKLM:\System\Select\Test1 –Name Eigenschaft2 –Value Hallo*

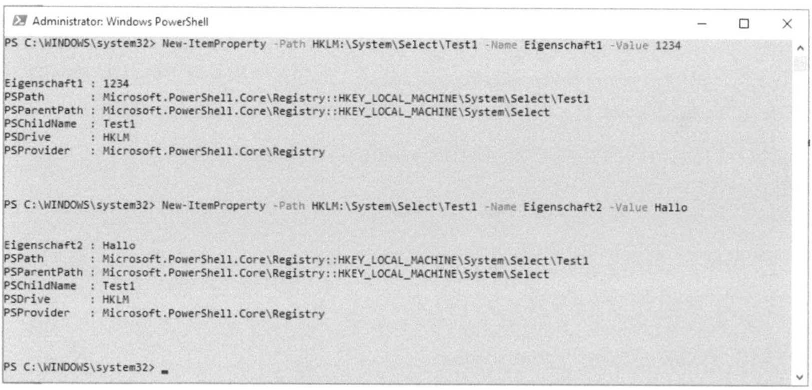

Abbildung 3.30: New-ItemProperty

Ich überprüfe die Ausführung der Cmdlets im Registrierungseditor.

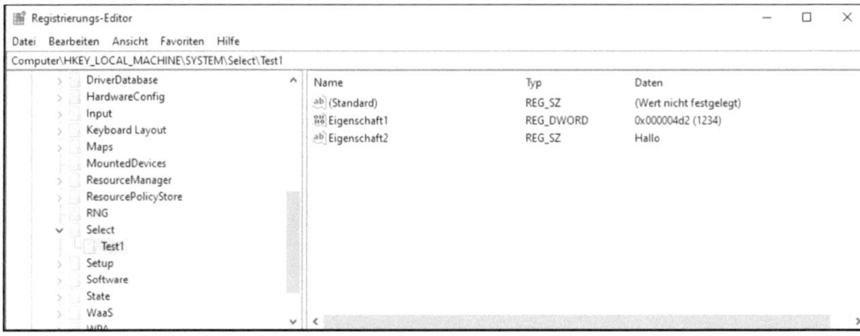

Abbildung 3.31: Regedit.exe

Tatsächlich sind die Eigenschaften angelegt worden.

Auffällig ist, dass die Typen sofort erkannt worden sind, ohne, dass sie angegeben werden mussten.

Sie haben nun einen Überblick über erste einfache Operationen in Laufwerken mithilfe von PowerShell erhalten.

Prinzipiell ist die hier besprochene Vorgehensweise für PowerShell Cmdlets immer die gleiche und kann universell eingesetzt werden.

3.3 Aufgabe / Lösung

Bei dieser Aufgabe benutzen Sie bitte zusätzlich den Registrierungseditor zum Überprüfen der Lösung!

3.3.1 Aufgabe

Sie möchten auf die Registry zugreifen und dort Änderungen mithilfe der PowerShell vornehmen.

Folgende Aufgabe möchten Sie lösen:

Teilschritt 1

Im Registry-Hive HKLM möchten Sie im vorhandenen Zweig \System\State\ einen neuen Schlüssel mit Namen „NeueSoftware“ erstellen.

Teilschritt 2

Dort möchten Sie eine Eigenschaft „Version“ mit dem Wert „1.0“ erstellen.

Teilschritt 3

Nach dem Erstellen erhalten Sie einen Anruf vom Abteilungsleiter Software, der Ihnen sagt, dass die eben erstellten Einträge nicht mehr relevant sind und wieder gelöscht werden sollen.

3.3.2 Lösung

Um diese Aufgabe zu lösen, müssen Sie die PowerShell mit administrativen Rechten öffnen.

Teilschritt 1

Zunächst wechseln Sie auf das PowerShell Laufwerk „HKLM“.

Set-Location HKLM:

Abbildung 3.32: Set-Location

Danach erstellen Sie den neuen Schlüssel.

New-Item HKLM:\System\State –Name NeueSoftware

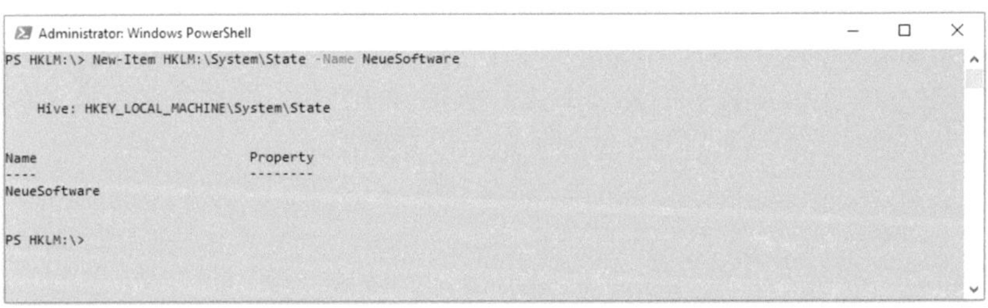

Abbildung 3.33: Erstellen des Schlüssels

Teilschritt 2

Eigenschaften erstellen Sie mit dem Cmdlet *New-ItemProperty*

In unserer Aufgabe lautete das Cmdlet

New-ItemProperty –Path HKLM:\System\State\NeueSoftware –Name Version –Value 1.0

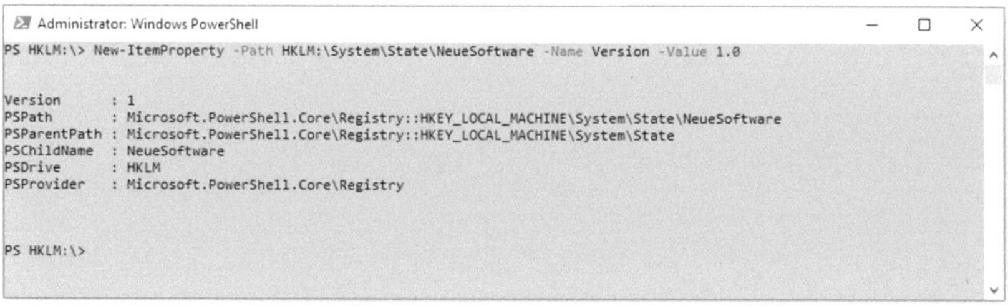

Abbildung 3.34: Eigenschaft ist erstellt

Teilschritt 3

Das Löschen von Schlüsseln mit allen dazugehörigen Eigenschaften nehmen Sie vor mit dem Cmdlet

Remove-Item

Das komplette Cmdlet lautet:

Remove-Item HKLM:\System\State \NeueSoftware

Abbildung 3.35: Schlüssel wird gelöscht

4 PowerShell anpassen

Die PowerShell-Konsole ist im Standard schwarz mit weißer Schrift.
Das ist nicht unbedingt in jeden Fall eine gute Option.
Aus diesem Grund sind Änderungen möglich und oft auch gewünscht.

4.1 Einstellungen der Konsole

Um Einstellungen an der Konsole zu ändern, klicken Sie auf das PowerShell Symbol oben links und wählen dann „Eigenschaften".

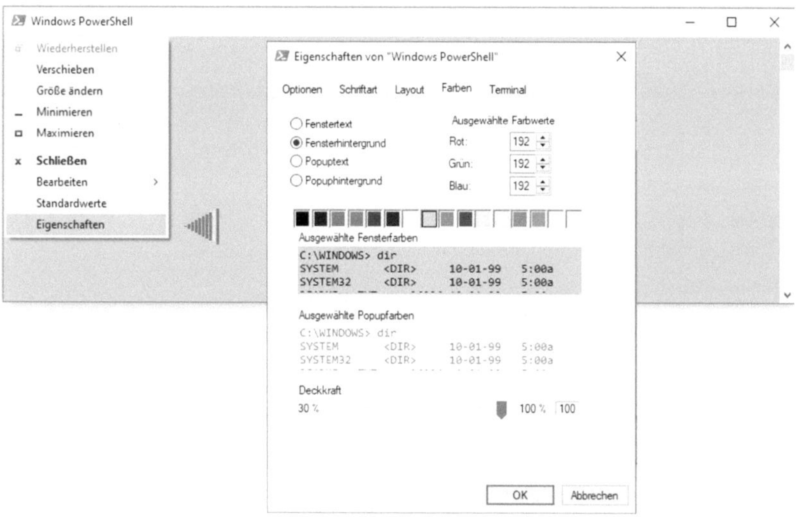

Abbildung 4.1: Eigenschaften

Sie haben nun die Möglichkeit, einige Optionen zu ändern, wie beispielsweise die Cursorgröße. Auch die Schriftart können Sie anpassen und auf der Registerkarte „Layout“ können Sie die Standardgröße des Fensters festlegen.

Wenn Sie auf die Registerkarte „Farben“ wechseln, können Sie einige ausgewählte Farben nach Ihren Bedürfnissen anpassen.

Leider ist es an dieser Stelle nicht möglich, die Farben der Parameter und anderen Bildschirmausgaben anzupassen.

Dadurch ergibt sich leider ein etwas schwierig zu lesendes Bild, falls Sie das Farbschema umdrehen, also dunkle Schrift auf hellem Hintergrund.

In diesem Fall haben wir nämlich als Farbe für die Cmdlets nach wie vor ein helles Gelb, was nicht gut lesbar ist.

Abbildung 4.2: Ungeeignete Farbe

Darum werden wir uns später noch kümmern.

Sie können erkennen, dass eine rudimentäre Änderung zwar möglich ist, aber eine detailliertere Anpassung leider nicht.

4.2 Einstellungen ISE

Etwas anders sieht das Ganze bei der ISE aus.

Wenn Sie die ISE öffnen, können Sie unter

Tools

Optionen

ähnliche Einstellungen vornehmen, wobei Sie an dieser Stelle auch die Farben der einzelnen Elemente anpassen können.

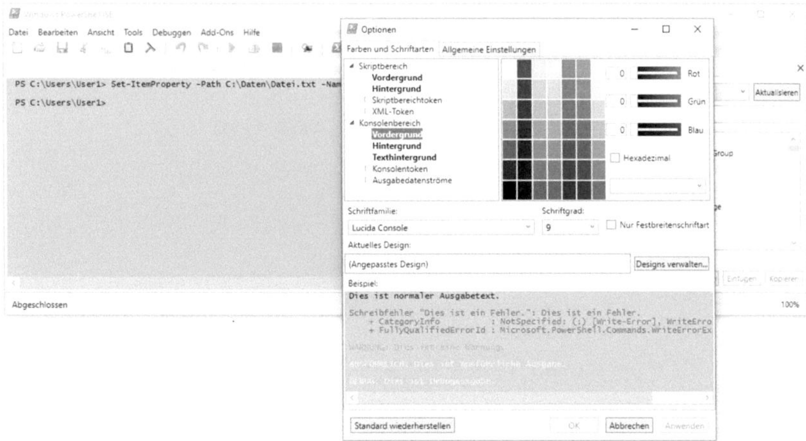

Abbildung 4.3: Einstellungen der ISE

Diese Werte können gespeichert werden und sind damit dauerhaft verfügbar.

4.3 Profile

All diese Konfigurationsmöglichkeiten haben ihre Grenzen, die einen früher, die anderen später.

Und es gibt noch deutlich mehr Einstellungen als nur die Farben, die für eine sinnvolle Benutzung der PowerShell wichtig sind.

Eine Eigenschaft der PowerShell ist ihre Vergesslichkeit.

Alles, was wir in einer Sitzung definiert haben, seien es Laufwerke oder auch andere Einstellungen, sind nach einem Neustart von PowerShell wieder vergessen und müssen neu definiert werden.

Das ist einerseits praktisch, denn dadurch sind durch einen einfachen Neustart der Konsole eventuelle Fehlkonfigurationen einfach gelöscht.

Andererseits könnte es ja sein, dass wir mühevoll Einstellungen definiert haben, die nun durch einen Neustart der Konsole wieder verschwunden sind.

Aus diesem Grund gibt es die Möglichkeit, die PowerShell-Umgebung mithilfe von Profilen zu definieren.

Genauer gesagt sind Profile in diesem Fall eigentlich einfache (oder auch komplexere) Skripte, in denen Befehle abgearbeitet werden.

Damit können Sie sich eine Arbeitsumgebung erstellen, wie es Ihnen gefällt.

Mit diesen Skripten können Sie einige wichtige Details festlegen:

- Farbschema
- Laufwerke
- Eigene Aliase
- Umgebungsvariablen

Natürlich können Sie all diese Einstellungen auch bei jedem Start der Konsole manuell festlegen, sie werden immer mit Cmdlets vorgenommen, aber eine automatisierte Ausführung ist natürlich viel einfacher und kann auch immer an die Bedürfnisse angepasst werden.

In einer Standardinstallation gibt es keine angelegten Profile, Sie müssen zunächst ein Profil anlegen, danach können Sie es konfigurieren.

4.3.1 Erstellen eines Profils

In diesem Beispiel gehe ich davon aus, dass Sie ein Profil für sich selber, also den momentan angemeldeten Benutzer auf diesem Rechner erstellen möchten.

In diesem Fall ist das Profil im Pfad

C:\Users\<NameDesBenutzers>\Documents\WindowsPowerShell

unter dem Namen

Microsoft.PowerShell_profile.ps1

gespeichert.

Ich erstelle eine neue Profildatei mit dem Cmdlet

New-Item –Path $Profile –ItemType File

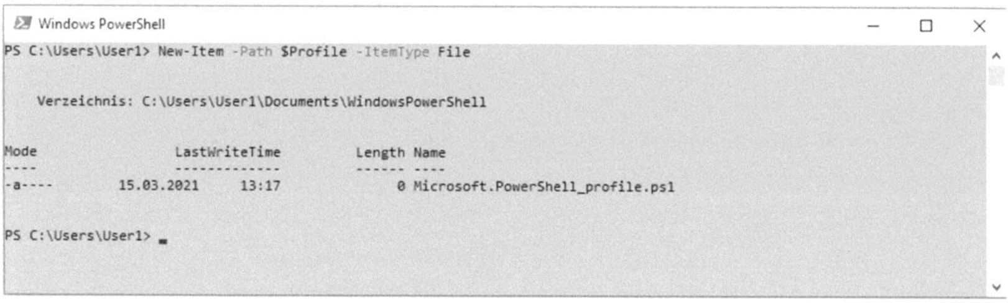

Abbildung 4.4: Das Skript ist erstellt

Sie erhalten sofort die Bestätigung, dass diese Datei erstellt worden ist.

4.3.2 Bearbeiten eines Profils

Das Profil können Sie nun editieren, beispielsweise mit Wordpad.

Ich möchte als Beispiel erst einmal nur eine ganz einfache Konfiguration vornehmen, nämlich die Anzeige der Begrüßung „Hallo" beim Start der Konsole.

Dafür benutze ich das Cmdlet

Write-Host

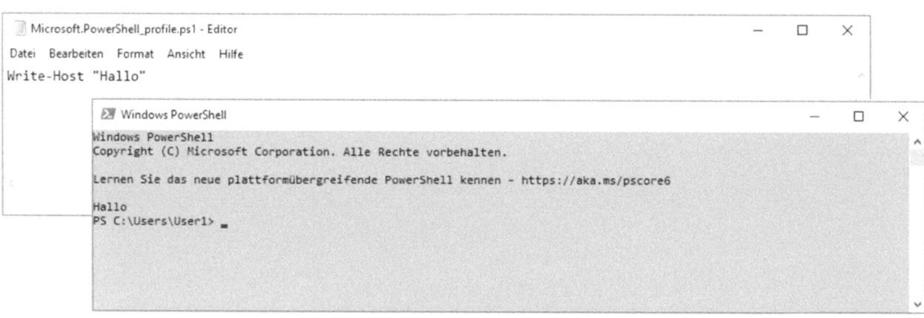

Abbildung 4.5: Begrüßung

Beim nächsten Konsolenstart wird diese Begrüßung nun angezeigt.

Das ist eine sehr einfache Art, Cmdlets automatisiert ausführen zu lassen und damit die Umgebung zu definieren.

Für die Änderung der Farben gibt es Cmdlets mit dem Substantiv

PSReadLineOption

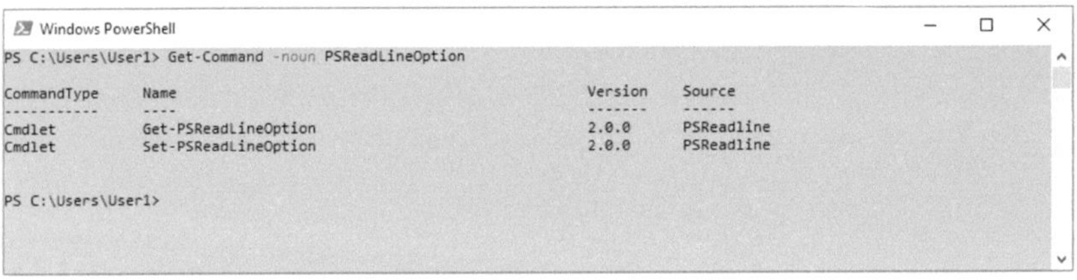

Abbildung 4.6: Cmdlets mit dem Substantiv PSReadLineOption

Also werde ich zunächst einmal Informationen holen mit

Get-PSReadLineOption

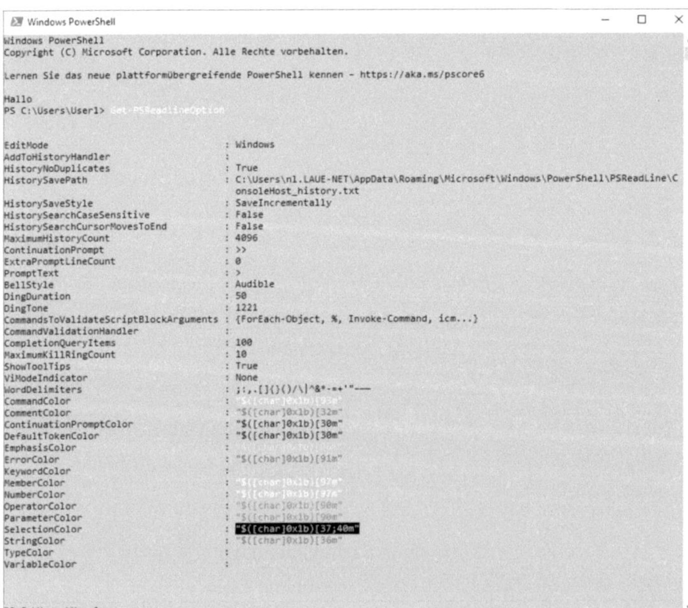

Abbildung 4.7: Get-PSReadLineOption

Mit diesem Cmdlet können Sie sowohl alle momentanen Farben erkennen, als auch die Schlüsselwörter, mit denen Sie diese Farben ändern können.

Zugegeben, die Namen der Farben sind nicht gerade benutzerfreundlich, wer kann sich schon "$([char]0x1b)[32m" für die Farbe „Dunkelgrün" merken, aber diese kryptischen Bezeichnungen können wir getrost vergessen, denn wir können die Farben auch mit den entsprechenden Farbwerten, natürlich in Englisch, angeben.

Die Anpassung wird mit dem Cmdlet

Set-PSReadlineOption

vorgenommen.

Dafür wird der Parameter

-Colors

benötigt.

Dieser Parameter erwartet eine besondere Art der Eingabe der Werte, nämlich in Form einer Tabelle. Diese muss folgendermaßen ausgeführt werden:

-Colors @{>Werte>}

Dies ist eine Besonderheit und gilt auch dann, wenn Sie nur einen einzigen Farbwert ändern wollen.

Also könnte ein Beispiel für eine Anpassung der Farbwerte folgendermaßen aussehen:

```
Set-PSReadLineOption -Colors @{     "Parameter" = “DarkGreen”
                                    "Command" = “DarkBlue”
                                    "Number” = ”DarkRed”
                                    "Variable" = “DarkBlue”
                                }
```

Wenn Sie diese Befehle nun in der Profildatei speichern, werden die Farbeinstellungen bei jedem Start angewendet.

Abbildung 4.8: Profildatei

4.3.3 Verschiedene Anforderungen – verschiedene Profile

Das eben erstellte Profil hat den Namen

Microsoft.PowerShell_profile.ps1,

und gilt für den für den momentan angemeldeten Benutzer auf der lokalen Maschine. Es befindet sich bei einer Standardinstallation im Ordner

C:\Users\<NameDesBenutzers>\Documents\WindowsPowerShell\

Das macht Sinn, denn das ist der Profilordner des angemeldeten Benutzers.

Am gleichen Speicherort kann sich auch noch ein anderes Profilskript mit dem Namen

Microsoft.PowerShellISE_profile.ps1

befinden.

Das erste Skript gilt nur für die Konsole, das zweite Skript dagegen gilt für den Aufruf der ISE.

Auch das macht Sinn, denn es ist ja definitiv möglich, dass Sie für den Gebrauch der ISE andere Einstellungen anders möchten, als für den Gebrauch der Konsole.

Aber es kann auch sein, dass Sie genau das Gegenteil benötigen, und die Einstellungen generell für beide Orte, also Konsole und ISE definieren möchten.

Dafür können Sie natürlich beide Profildateien identisch gestalten.

Sie können aber auch ein drittes Profilskript am gleichen Speicherort erstellen, mit dem Namen

Profile.ps1

Hier sehen Sie noch einmal die Übersicht:

Speicherort: C:\Users\<NameDesBenutzers>\Documents\WindowsPowerShell			
Anzuwenden für	**Name der Profildatei**	**Konsole**	**ISE**
Momentan angemeldeter Benutzer	Microsoft.PowerShell_ profile.ps1	X	
Momentan angemeldeter Benutzer	Microsoft.PowerShellISE_ profile.ps1		X
Momentan angemeldeter Benutzer	Profile.ps1	X	X

Sollten Sie die Einstellungen nicht nur für den momentan angemeldeten Benutzer anwenden wollen, ist der Speicherort der Dateien ein anderer.

Er kann sich nun natürlich nicht mehr im Profilverzeichnis eines einzelnen Benutzers befinden, sondern muss für alle Benutzer zugänglich sein.

C:\Windows\System32\WindowsPowerShell\v1.0

Wenn Sie dort Profilskripte ablegen, sind sie für alle Benutzer gültig.

Speicherort: C:\Windows\System32\WindowsPowerShell\v1.0			
Anzuwenden für	**Name der Profildatei**	**Konsole**	**ISE**
Alle Benutzer	Microsoft.PowerShell_ profile.ps1	X	
Alle Benutzer	Microsoft.PowerShellISE_ profile.ps1		X
Alle Benutzer	Profile.ps1	X	X

Mit diesem Wissen können Sie Profilskripte für alle Anforderungen erstellen.

4.4 Aufgabe / Lösung

4.4.1 Aufgabe

Sie möchten sowohl Konsole als auch ISE an Ihre Wünsche anpassen.

Teilschritt 1

Zunächst ändern Sie die Farben in der Konsole und in der ISE.

Teilschritt 2

Diese Einstellungen reichen Ihnen nicht.

Sie erstellen ein Profil für sowohl die Konsole als auch die ISE auf Ihrem lokalen Computer.

Nehmen Sie Einstellungen nach Ihren Wünschen vor.

4.4.2 Lösung

Teilschritt 1

Die Konsoleneinstellungen ändern Sie, indem Sie auf das PowerShell Symbol oben links klicken und dann die „Eigenschaften“ wählen.

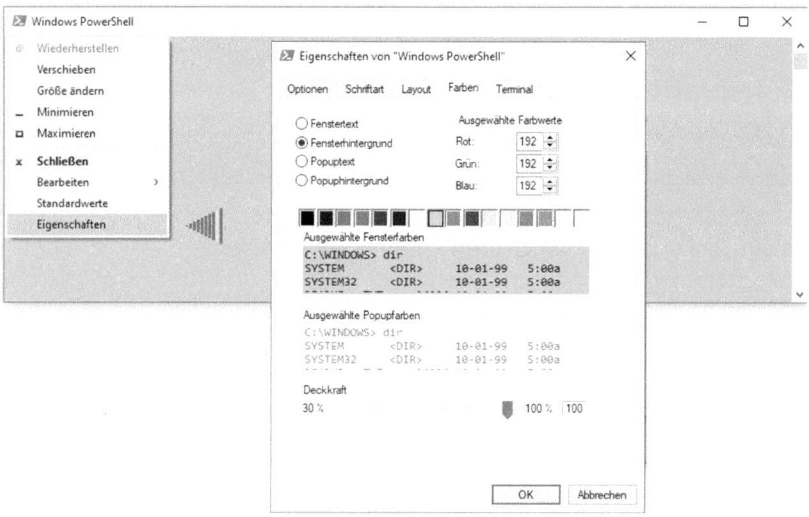

Abbildung 4.9: Eigenschaften

Sie haben nun die Möglichkeit, einige Optionen zu ändern, wie beispielsweise die Cursorgröße, die Schriftart und die Farben bis zu einem bestimmten Maß.

Wenn Sie die ISE öffnen, können Sie unter

- Tools
- Optionen

ähnliche Einstellungen vornehmen, wobei Sie an dieser Stelle auch die Farben der einzelnen Elemente anpassen können.

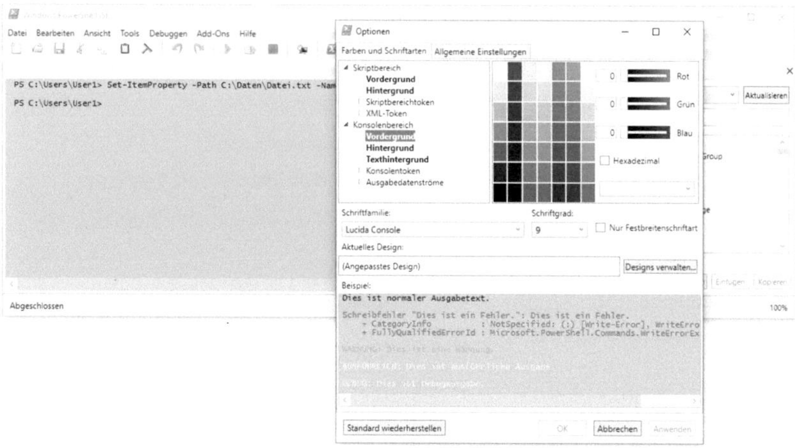

Abbildung 4.10: Einstellungen der ISE

Diese Werte können gespeichert werden und sind damit dauerhaft verfügbar.

Teilschritt 2

Das leere Profil erstellen Sie mit dem Cmdlet

New-Item –Path $Profile –ItemType File

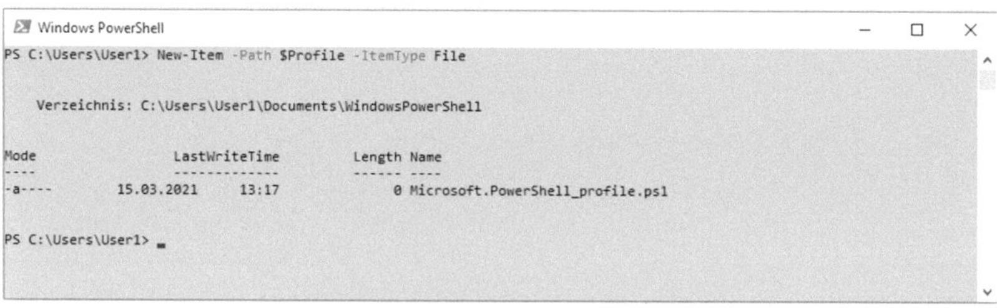

Abbildung 4.11: Das Skript ist erstellt

Nun können Sie das Skript öffnen und alle gewünschten Einstellungen vornehmen.

Als Beispiel können Sie die Farbeinstellungen setzen.

```
Set-PSReadLineOption -Colors @{    "Parameter" = "DarkGreen"
                                   "Command" = "DarkBlue"
                                   "Number" = "DarkRed"
                                   "Variable" = "DarkBlue"
                                                          }
```

5 Grundlagen der PowerShell Skripte

Im letzten Kapitel haben wir schon einen kurzen Einblick in das Thema „Skripte“ erhalten können.

PowerShell-Skripte sind Textdateien, in der mehrere PowerShell-Befehle nacheinander abgearbeitet werden.

Wie wir schon gesehen haben, kann ein PowerShell-Skript mit einem Texteditor erstellt und bearbeitet werden.

Sinnvoller ist es aber, ein PowerShell –Skript dort zu erstellen und zu bearbeiten, wo alle möglichen Hilfen zur Verfügung stehen, in der PowerShell ISE (PowerShell Entwicklungsumgebung).

Dazu später mehr.

Bevor wir mit dem Erstellen von Skripten beginnen können, müssen wir noch einige Grundlagen klären.

5.1 Objektorientierung

PowerShell basiert auf .NET und das .NET –Framework arbeitet mit Objekten.

Ohne solide Kenntnisse, was Objekte sind und wie wir sie benutzen können, werden wir keine Chance haben, die Hintergründe der PowerShell Skripte zu verstehen.

Lassen Sie uns deswegen in einige Definitionen eintauchen, die uns das Verständnis erleichtern werden.

5.1.1 Klassen

Nehmen wir ein Beispiel aus dem Alltag:

Das Auto.

DAS Auto ist nicht ein spezielles Auto.

Es ist die Idealvorstellung eines Autos, erfüllt alle Wünsche an ein Auto, hat alle Eigenschaften, die man auch nur im Entferntesten mit einem Auto verbinden könnte.

Es ist der Ursprung, der Vater aller Autos.

Diese Idealvorstellung wird definiert als

Die Klasse „Auto“

Abbildung 5.1: Definition Klasse[1]

Eine Klasse ist also ein Oberbegriff für alle möglichen Arten.

---

[1] Bildquelle: gorodenkoff

5.1.2 Objekte

Leider gibt es das ideale Auto nicht, wir müssen immer Kompromisse schließen.

Es gibt Elektro-Vans, die viel Stauraum und vor Ort keinen Schadstoffausstoß haben, aber bei der Reichweite begrenzt sind, es gibt Kompaktwagen, die sehr gut für die Stadt geeignet, aber für lange Strecken unbequem sind, es gibt Sportwagen, die wunderschön und schnell, aber im Alltag nicht sehr praktisch sind.

All diese realen Exemplare sind **Objekte** der Klasse Auto.

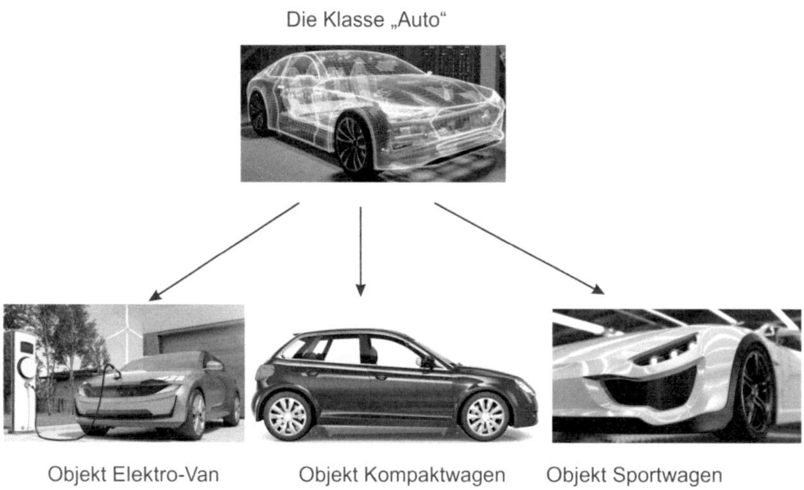

Abbildung 5.2: Objekte[2]

Ein Objekt ist also eine bestimmte Teilmenge einer Klasse.

[2] Bildquellen: gorodenkoff, Sven Loeffler, Rawpixel, yucelyilmaz

5.1.3 Attribute (Eigenschaften)

Attribute beschreiben Eigenschaften der Objekte. Anhand von Attributen kann die Unterschiedlichkeit definiert werden.

Attribute für ein Objekt in der Klasse „Auto“ können beispielsweise sein:

- Farbe
- Marke
- Name
- Gewicht
- Antrieb

Attribut			
Farbe	Grün	Blau	Silber
Motor	Elektro	Diesel	Benzin
Preis	Mittel	Niedrig	Hoch

[3]

Auch wenn die Attribute verschiedene Werte haben, so haben doch alle Objekte einer Klasse die gleichen Attribute, also Eigenschaften.

[3] Bildquellen: Sven Loeffler, Rawpixel, yucelyilmaz

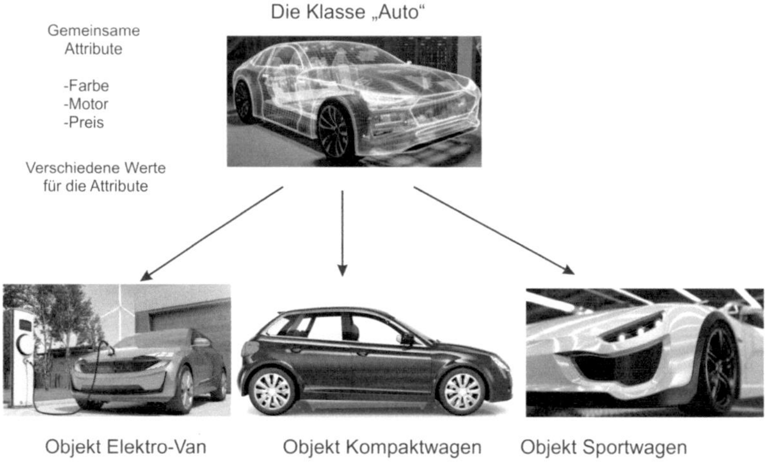

Abbildung 5.3: Attribute einer Klasse[4]

5.1.4 Methoden

Als letzten wichtigen Begriff müssen wir uns noch mit den sogenannten „Methoden" beschäftigen.

Methoden sind Aktionen, die man mit den Objekten der Klasse machen kann oder die von den Objekten selber ausgeführt werden können.

Hier einige Beispiele für Aktionen, also Methoden von Autos:

- Bremsen
- Beschleunigen
- Blinken
- Lärm machen

[4] Bildquellen: gorodenkoff, Sven Loeffler, Rawpixel, yucelyilmaz

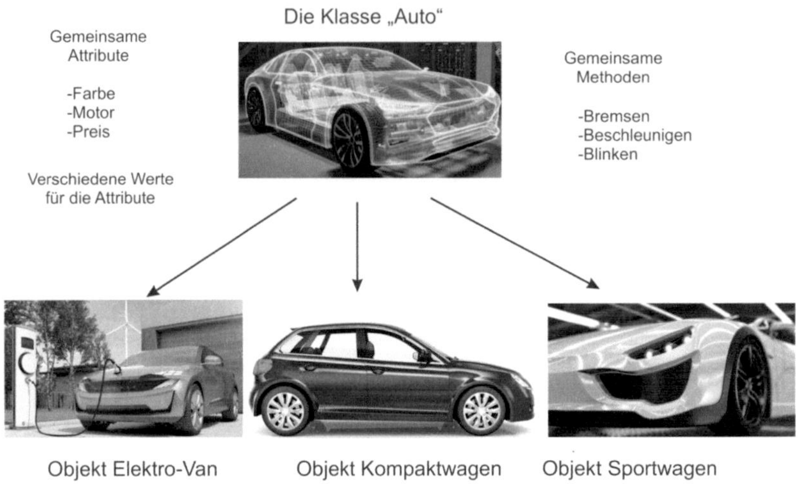

Abbildung 5.4: Methoden[5]

5.2 Objekte in der PowerShell

Was haben aber nun all diese Begriffe mit der PowerShell zu tun?

PowerShell gibt Ergebnisse in Form von Objekten aus.

Das bedeutet, alle Ausgaben, die Sie durch PowerShell erhalten, sind Objekte mit Eigenschaften (Attributen) und Methoden.

Das bedeutet also, dass die Ausgabe auf das Cmdlet

Get-Service

eine Ausgabe von Objekten ist.

[5] Bildquellen: gorodenkoff, Sven Loeffler, Rawpixel, yucelyilmaz

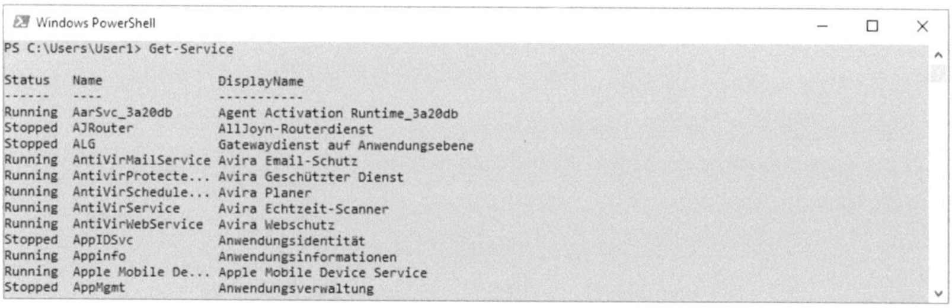

Abbildung 5.5: Get-Service Ausgabe

Das ist nicht sehr viel an Information, wenn man bedenkt, dass hier Objekte mit Eigenschaften und Methoden ausgegeben werden.

Das ist die Crux, denn es gibt einfach zu viele Informationen, die diese Objekte anzeigen könnten.

PowerShell trifft für die Anzeige in der Konsole eine Auswahl und wandelt diese Auswahl dann in Text um.

In unserem Beispiel gibt das Cmdlet jeden Dienst als ein Objekt aus und zeigt davon einige ausgewählte Eigenschaften an, nämlich

- Status
- Name
- DisplayName

Das ist schon mal interessant.

Das heißt aber auch, dass jedes Objekt wahrscheinlich deutlich mehr Eigenschaften hat, als hier angezeigt werden.

Richtig.

Diese verborgenen Eigenschaften oder Attribute werden in der Standardausgabe nicht angezeigt, da die Anzeige auf die wichtigsten Eigenschaften beschränkt wird.

Ein zweiter Punkt ist auch noch wichtig.

Ich habe zuvor betont, dass die Ausgabe der Objekte in Text umgewandelt wird.

Eine Umwandlung in Text bedeutet, dass die Objekte ihre Bearbeitbarkeit verlieren.

Zum Beispiel ist es nicht mehr möglich, weitere Informationen über den Dienst „AppInfo" zu erhalten, den ich in der Textausgabe erkennen kann.

Alles, was wir an dieser Stelle sehen können, hat seinen Status als Objekt verloren, sondern ist nur noch eine für uns lesbare Darstellung, die nicht weiterverwendet werden kann.

Diese Vorgehensweise hat zwei Konsequenzen:

- Sie sehen nur einen Teil der Attribute
- Sie können die Ausgabe in Textform nicht für weitere Abfragen verwenden, sondern müssen alle Abfragen neu eingeben, wenn Sie weitere Informationen wollen

Grafik: Cthoman

Abbildung 5.6: Objekte sind nach der Ausgabe statisch

Diese beiden Tatsachen bringen uns zum nächsten wichtigen Punkt, der Pipeline.

5.2.1 Pipeline

Wir müssen also nach einer Möglichkeit suchen, die es uns ermöglicht, die Eigenschaften eines Objekts komplett zu erfassen und diese so zu behandeln, dass sie von weiterführenden Befehlen benutzt werden können.

Dazu werden sogenannte Pipelines verwendet.

Pipelines bieten die Möglichkeit, Ausgaben eines Befehls oder eines Cmdlets an einen weiteren Befehl zu übergeben, bevor die Informationen für die Bildschirmausgabe „eingefroren" werden.

Ein Beispiel:

Wenn ich das Cmdlet

Get-Service

eintippe, sammelt PowerShell alle Eigenschaften und Methoden aller Objekte, für die die Anfrage zutrifft.

Erst durch das Drücken von „Enter" schicke ich die Anfrage ab, und verlange damit eine Aufarbeitung der Daten, das Entfernen von Eigenschaften und die Anzeige der restlichen Informationen in der Konsole.

Also stehen sämtliche Informationen bis zum Drücken von „Enter" zur Verfügung.

Um diese Informationen weiterverwenden zu können, muss ich folgerichtig nur eine Verkettung zu einem weiteren Befehl initiieren, der auf alle Eigenschaften zugreifen kann, die durch das erste Cmdlet ausgelesen wurden, bevor eine Anzeige generiert wird.

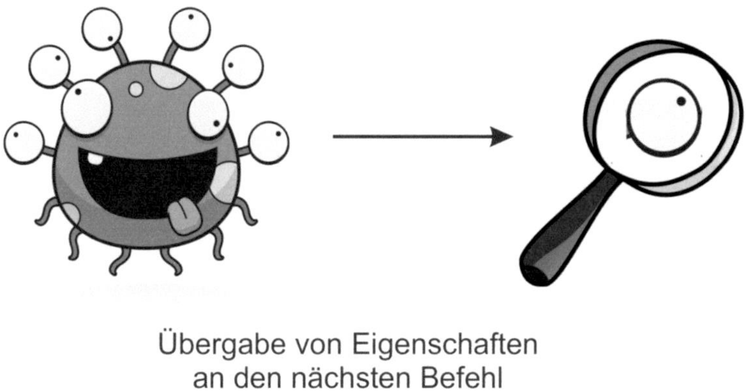

Grafik: Cthoman

Abbildung 5.7: Prinzip der Pipeline

Diese Übergabe wird „Pipeline“ genannt.

Das Zeichen, das für die Pipeline benutzt wird, ist der senkrechte Strich: „|“.

Bleiben wir bei unserem Beispiel von vorher, dem Cmdlet

Get-Service

Wenn ich im Anschluss die Pipeline eingebe, zeige ich an, dass das Cmdlet alle Dienste auslesen soll, aber zunächst keine Bildschirmausgabe gewünscht wird.

Get-Service |

Ich kann nun einen zweiten Befehl, ein zweites Cmdlet anschließen, und damit eine Übergabe der kompletten Informationen erzwingen.

Sowohl Eigenschaften als auch Methoden werden in PowerShell als „Members“ bezeichnet.

Um mögliche „Members“ der Objekte der Klasse „Service“ anzeigen zu können, wähle ich als zweites Cmdlet

Get-Member

Nun muss ich festlegen, ob ich eine Anzeige der

- Eigenschaften oder der
- Methoden

erhalten möchte.

Das nehme ich mit dem Parameter

–MemberType

vor und dem Wert

Property (für Eigenschaften)

Method (für Methoden)

Für die Anzeige aller Eigenschaften ist also das komplette Cmdlet:

Get-Service | Get-Member –MemberType Property

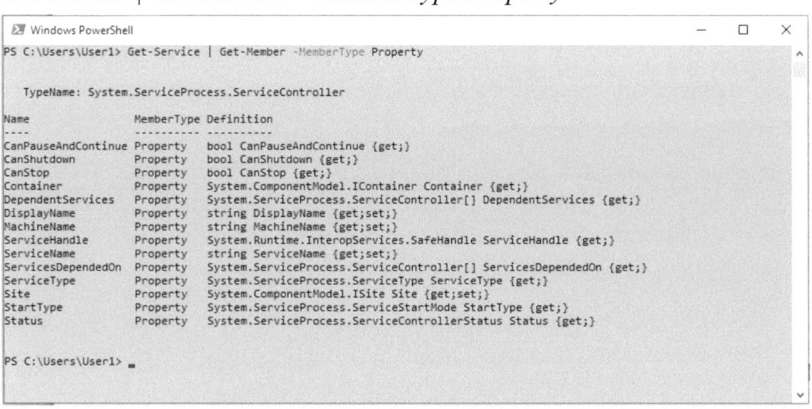

Abbildung 5.8: Anzeige aller Eigenschaften

Für die Anzeige aller Methoden ist folgendes Cmdlet richtig:

Get-Service | Get-Member –MemberType Method

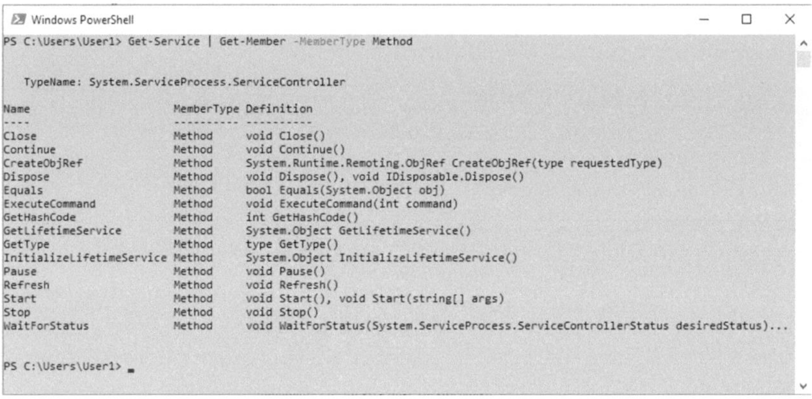

Abbildung 5.9: Anzeigen aller Methoden

Beispiele für Pipelines

Pipelines sind relativ wichtig, deswegen möchte ich Ihnen hier noch einige Beispiele zu diesem Thema zeigen.

Beispiel 1:

Das Anzeigen aller möglichen Eigenschaften eines bestimmten Objekts.

Wir gehen also weiter ins Detail.

Das erste Beispiel hat uns alle möglichen Eigenschaften oder Methoden aller Objekte der Klasse „Service“ gezeigt, allerdings ohne Werte, da dafür die Auswahl eines speziellen Diensts nötig gewesen wäre.

Dies möchte ich mit dem nächsten Cmdlet erreichen.

Dafür benutze ich wieder das Cmdlet

Get-Service

und reiche die Ergebnisse in die Pipeline weiter.

|

Um eine Auswahl für einen bestimmten Dienst, also ein bestimmtes Objekt zu treffen, gebe ich als zweites Cmdlet ein:

Select-Object

ein, ohne eine genauere Bestimmung des Objekts.

Mit dem Parameter

–Property

und dem Platzhalter

*

Erzwinge ich die Anzeige aller Eigenschaften.

*Get-Service | Select-Object –Property **

Sie erhalten alle Eigenschaften (Attribute) aller Dienst-Objekte. Das ist eine gewaltige Menge an Informationen.

Deswegen möchte ich die Ausgabe auf das erste Element, also alle Eigenschaften des ersten Diensts beschränken, indem ich am Ende noch den Parameter

-First 1

anhänge.

Wenn ich die ersten beiden Dienste im Detail sehen möchte, könnte ich folgenden Parameter eingeben:

-First 2

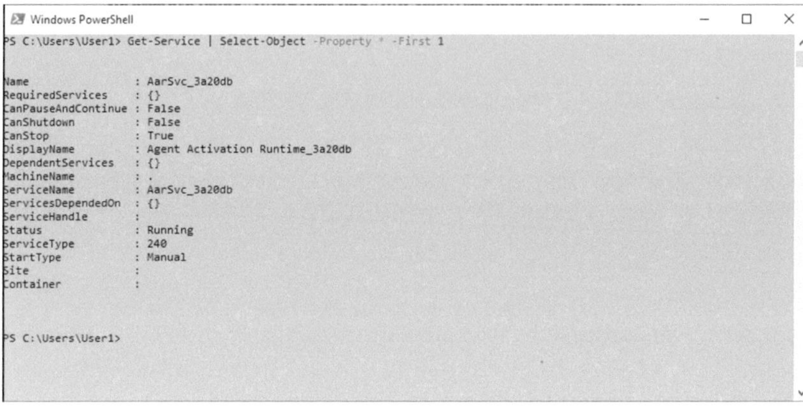

Abbildung 5.10: Anzeigen der Eigenschaften

Sie können deutlich erkennen, dass es viel mehr Eigenschaften bei diesem Objekt gibt, als wir bei der allgemeinen Ausgabe sehen konnten.

Beispiel 2:

Ein weiteres interessantes Anwendungsbeispiel für eine Pipeline ist die Ausgabe eines Ergebnisses in eine Textdatei.

Dies nehmen Sie mit dem entsprechenden Cmdlet, der Pipeline und folgendem Cmdlet vor:

Out-File <PfadZurDatei>

Wenn Sie die oben genannte Befehlskette in einer Datei mit Namen C:\Daten\Ausgabe.txt ausgeben wollen, ist das richtige Cmdlet

*Get-Service | Select-Object –Property * -First 1 | Out-File C:\Daten\Ausgabe.txt*

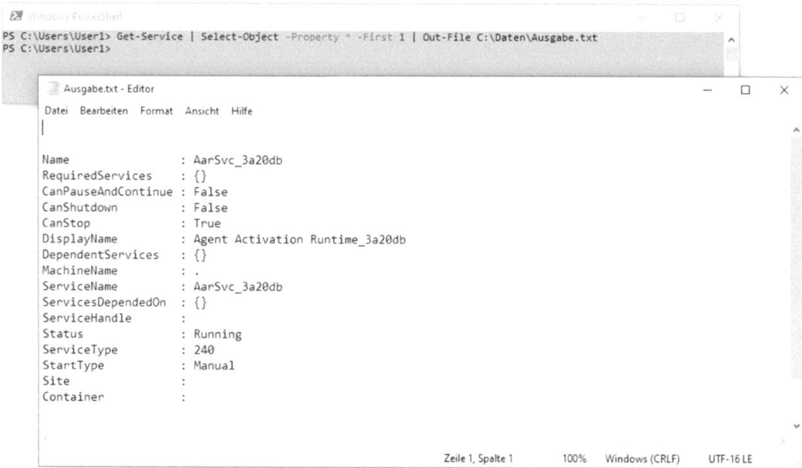

Abbildung 5.11: Pipeline als Ausgabe in Text

5.2.2 Gezieltes Anzeigen von Eigenschaften und Methoden

Und wir gehen weiter ins Detail.

Natürlich ist die Anzeige von allen Eigenschaften sehr praktisch, um sich einen Überblick über alle Möglichkeiten zu verschaffen.

Wenn Sie aber gezielt nur die Informationen über eine einzelne Eigenschaft benötigen, beispielsweise, um diese in eine Pipeline zu geben, gibt es dafür eine Möglichkeit.

Anzeigen von Eigenschaften

Das gezielte Anzeigen von Eigenschaften setzt natürlich voraus, dass Sie den Namen der Eigenschaft kennen.

Betrachten wir ein Beispiel.

Ich möchte eine bestimmte Eigenschaft des Diensts „AppInfo“ erhalten.

Dafür benutze ich natürlich das Cmdlet

Get-Service

Mit dem Parameter

-Name <NameDesDiensts)

Get-Service –Name Appinfo

Nun müssen Sie eine Besonderheit beachten:

Wenn Sie eine Eigenschaft gezielt anzeigen wollen, müssen Sie das Cmdlet in Klammern setzen.

(Get-Service –Name Appinfo)

Danach geben Sie einen „Punkt“ ein und den Namen der Eigenschaft.

Wenn ich also den Wert der Eigenschaft „StartType“ als Ausgabe erhalten möchte, lautet der komplette Befehl:

(Get-Service –Name Appinfo).StartType

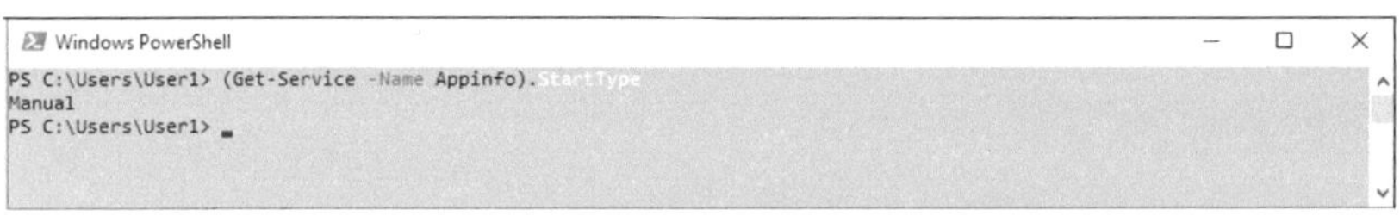

Abbildung 5.12: Ausgabe einer bestimmten Eigenschaft

Die Ausgabe erstreckt sich nun nur auf eine einzige Eigenschaft, für ein bestimmtes Objekt.

Anzeigen von Methoden

Genauso ist es möglich, eine bestimmte Methode anzeigen zu lassen.

Betrachten wir den Dienst „Mobilfunkzeit“ und den Status des Diensts.

(Get-Service –Name autotimesvc).Status

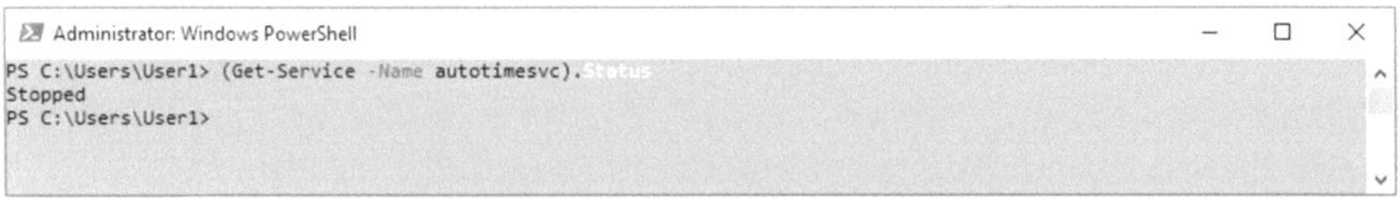

Abbildung 5.13: Status eines Diensts

Der Dienst ist gestoppt.

Soweit, so gut.

Was hat das aber mit dem Anzeigen von Methoden zu tun?

Sie erinnern sich sicher, dass wir definiert haben:

„Methoden sind Aktionen, die man mit den Objekten der Klasse machen kann oder die von den Objekten selber ausgeführt werden können".

Eine Liste aller möglichen Methoden für alle Objekte dieser Klasse haben wir uns bereits anzeigen lassen, unter anderem waren dort auch die Methoden

- Start
- Stop

dabei, mit deren Hilfe ein Dienst gestartet oder gestoppt werden kann.

Nun überlegen wir:

Was passiert, wenn ich eine Methode anzeigen lassen möchte, die sich auf ein bestimmtes Objekt bezieht?

Kann ich beispielsweise die Methode „einen Dienst starten" einfach nur anzeigen lassen?

NEIN!!!!

Wenn ich eine Methode auf diese Art anzeigen lasse, veranlasse ich die Ausführung.

Das bedeutet also, wenn ich eingebe

(Get-Service –Name autotimesvc).Start()

sollte diese Methode angezeigt und damit ausgeführt werden.

Diese Aufgabe muss ich natürlich mit administrativen Rechten durchführen!

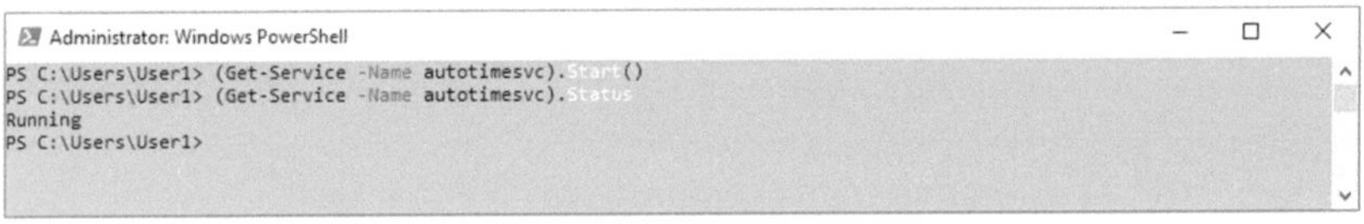

Abbildung 5.14: Anzeigen und ausführen einer Methode

Bei der Kontrolle des Status bestätigt sich die Vermutung

Bitte beachten Sie, dass die korrekte Angabe der Methode mit () ist, so wie es in der Anzeige bei

Get-Service | Get-Member –MemberType Method

angegeben wurde.

PowerShell hat für das Ausführen von häufig verwendeten Methoden eigene Cmdlets definiert, um die tägliche Arbeit zu erleichtern.

Für das Starten und Beenden von Diensten gibt es die Cmdlets

- Start-Service
- Stop-Service

Dafür müssen Sie nicht den Umweg über die Methode gehen, aber es ist wichtig, dass Sie verstehen, wie man mit Methoden arbeitet.

5.3 Variablen

Variablen sind wie Objekte Begriffe aus der Programmierung.

Die Standarddefinition ist:

Variablen sind Platzhalter für einen Wert.

Variablen werden oft in Skripten benutzt, um Werte zwischen zu speichern und sie im späteren Verlauf eines Skriptes wieder zu verwenden.

Das ist häufig der Fall, wenn ein Wert berechnet worden ist und später noch benötigt wird.

5.3.1 Definition von Variablen

Variablen müssen angelegt werden.

Dies nennt man die „Deklaration“. Dabei erhält die Variable einen Namen und es wird ein Speicherplatz im Arbeitsspeicher reserviert.

Das können Sie sich wie einen leeren Korb vorstellen, in den wir später Daten legen werden.

Abbildung 5.15: Variable

Der nächste Schritt beim Anlegen einer Variablen ist die Festlegung, welche Typen von Daten später in diesem Korb gespeichert werden sollen.

In PowerShell gibt es folgende gültige Werte für Datentypen:

Im Folgenden finden Sie eine Beschreibung aller PowerShell-Variablentypen:

Variablentyp	**Beschreibung**
[string]	String (Text) Zeichenkette beliebiger Länge
[char]	einzelnes Zeichen
[bool]	Ja-Nein-Werte
[int]	Ganzzahl mit 32Bit Länge, negative und positive Werte
[long]	Ganzzahl negativ und positiv (64bit Länge)
[decimal]	Zahl mit Nachkommastellen, 86Bit Länge
[double]	Zahl mit Nachkommastellen (Länge 64bit)
[single]	Zahl im Gleitkommaformat
[DateTime]	Datum und Zeit
[array]	Komlexer Variablentyp
[hashtable]	Hashtabelle

Mithilfe dieser Tabelle erkennen Sie auch, warum ein Typ von Variablen festgelegt werden muss:

Durch die Festlegung wird der zu reservierende Speicher definiert.

So benötigt eine Variable des Typs [int] 32 Bit Arbeitsspeicher, eine Variable des Typs [long] dagegen 64 Bit.

Wenn Sie den Typ der Variablen definieren, beschriften Sie den Korb, welche Daten später hineingelegt werden dürfen.

Abbildung 5.16: Variablentyp

Danach kann die Variable eigentlich auch schon eingesetzt werden.

5.3.2 Variablen in PowerShell

In PowerShell werden Variablen immer mit einem

$

am Anfang dargestellt.

Vordefinierte Variablen

PowerShell benutzt einige vordefinierte Variablen, mit denen bereits bekannte Informationen gespeichert werden, auf die Sie dann direkt zugreifen können.

Hier einige Beispiele:

Variable	Beschreibung
$_	Das aktuelle Objekt einer Pipeline, eines Filters oder verschiedener Schleifen
$$	Das letzte Argument der letzten Shell-Eingabe
$Error	Die bis zu 256 letzten Fehlermeldungen
$HOME	Homedrive des Anwenders
$Host	Informationen über den aktuellen Computer

Als Beispiel betrachten wir

$Host

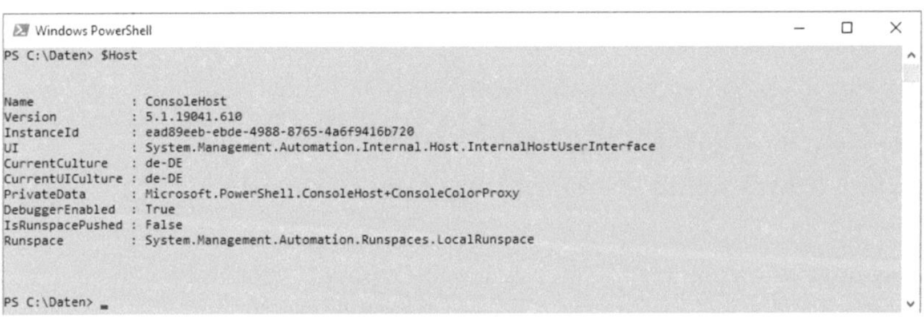

Abbildung 5.17: $Host

Mit diesem Befehl rufen wir die Variable Host auf, in der die Daten des aktuellen Hosts gespeichert sind.

Das Ergebnis ist von Rechner zu Rechner unterschiedlich, da die Variable mit den entsprechenden Daten gefüllt wird.

Variablen erstellen

Natürlich können Sie auch eigene Variablen selber erstellen, indem Sie einfach eingeben:

$GewünschterNameDerVariablen = <WertDerVariablen>

Wenn Sie also eine Variable mit dem Namen „MeineVariable" erstellen möchten, die den Wert „5" hat, geben Sie ein:

$MeineVariable = 5

Um das Arbeiten mit Variablen anschaulich darzustellen, werden wir ab jetzt in der ISE arbeiten, denn sie hat ein eingebautes Modul, um Skripte zu erstellen.

Dafür öffnen wir die ISE und wählen

- Datei
- Neu

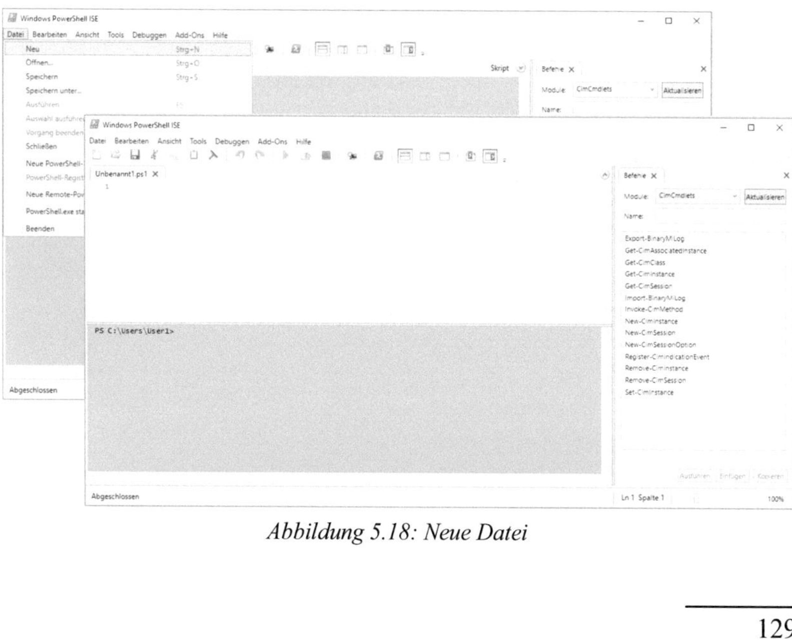

Abbildung 5.18: Neue Datei

Dann öffnet sich ein Fenster im oberen Bereich, in dem wir ein neues Skript erstellen können.

Dieses Skript wird auch gleich als „Unbenannt1.ps1“ bezeichnet, und später auch automatisch im richtigen Format gespeichert.

(Anweisung: wegen Übersichtlichkeit rechtes Fenster evtl. schließen)

Hier erstellen wir nun ein Skript, indem wir eingeben:

$MeineVariable = 5

Abbildung 5.19: Deklaration einer Variablen

Diese Variable können Sie nun innerhalb des Skriptes benutzen.

Sie können sich beispielsweise die Zahl der Variablen anzeigen lassen, indem Sie eingeben:

„Meine Variable ist $MeineVariable“

Das Skript können Sie ausführen, indem Sie auf das Ausführungszeichen oben klicken.

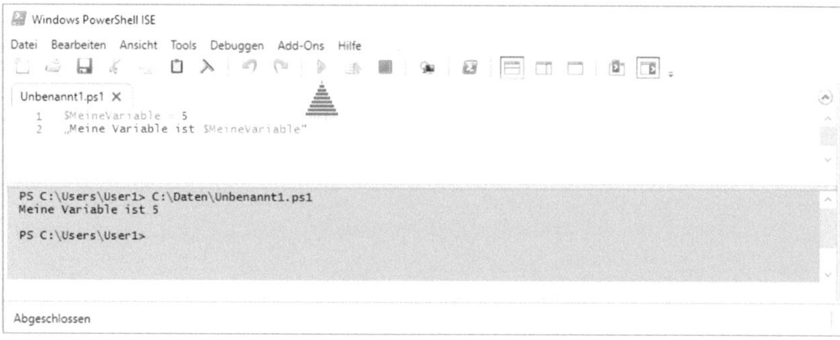

Abbildung 5.20: Skript wird ausgeführt

Sie sehen, es wird der Text „Meine Variable ist 5" ausgegeben.

Bitte denken Sie daran, dass eine Textausgabe immer in Anführungszeichen gesetzt werden muss!

Variablentypisierung

Aber Moment mal, haben wir nicht vorher gesagt, dass der Variablentyp ebenfalls definiert werden muss?

Die Antwort darauf ist ein klares „**Jein**".

Eigentlich muss natürlich jeder Variablen ein Typ zugeordnet werden, aber PowerShell macht das automatisch, wenn die Variable befüllt wird.

Das ist praktisch, kann aber auch Probleme bereiten, da PowerShell bei der Auswahl der Typen leider nicht immer richtig liegt.
Wenn beispielsweise eine Zahl als Zeichenkette eingeordnet wird, ist ein richtiges Rechnen nicht möglich.

Betrachten wir ein Beispiel:

Ich möchte ein Skript erstellen, in dem zwei Zahlen abgefragt werden.

Diese beiden Zahlen sollen danach miteinander multipliziert werden und deren Produkt soll ausgegeben werden.

Dafür benötige ich drei Variablen:

- *$Zahl1 für die erste abgefragte Zahl*
- *$Zahl2 für die zweite abgefragte Zahl*
- *$Produkt für das errechnete Produkt*

Die Namen der Variablen können Sie natürlich völlig frei wählen.

Um eine Abfrage für die erste Zahl zu erstellen, muss ich diese Variable so definieren, dass eine Eingabe erbeten wird, und diese Eingabe dann in der Variablen gespeichert wird.

Das Cmdlet

Read-Host

liest und interpretiert die Eingabe über die Tastatur.

Dazu erstelle ich einen eindeutigen Text, der zur Eingabe auffordert und setze diesen Text in Anführungszeichen.

$Zahl1 = Read-Host „Bitte geben Sie eine beliebige Zahl ein"

PowerShell ergänzt diese Eingabe später um einen Doppelpunkt, der Sie zur Eingabe auffordern soll.

Die zweite Zeile erstelle ich identisch.

$Zahl2 = Read-Host „Bitte geben Sie eine weitere beliebige Zahl ein"

Nun muss ich die Variable als Produkt der beiden anderen Variablen definieren:

*$Produkt = $Zahl1 * $Zahl2*

Im letzten Schritt erstelle ich mit dem Cmdlet

Write-Host

Die Bildschirmausgabe des Ergebnisses.

Write-Host „Das Produkt der beiden Zahlen ist $Produkt"

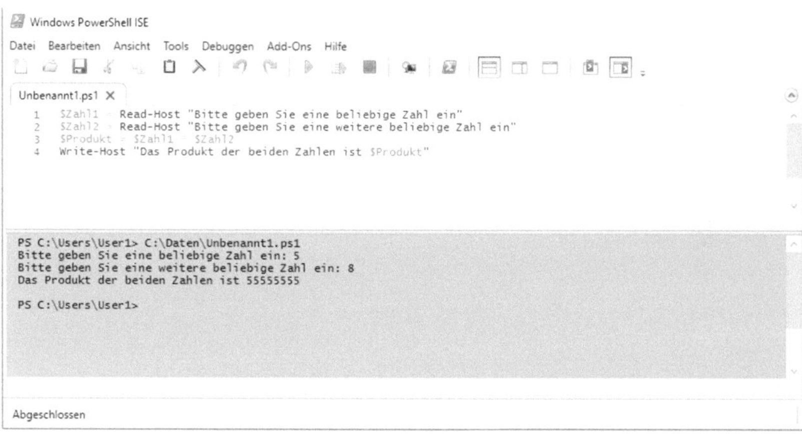

Abbildung 5.21: Multiplikation zweier Zahlen

Ja, das war ein guter Versuch, und wir haben auch (fast) alles richtig gemacht, trotzdem ist das Ergebnis irgendwie merkwürdig.

In diesem Fall hat PowerShell leider die Zahlenwerte falsch interpretiert und deswegen falsch gerechnet.

Wie können wir das besser machen?

Sehr einfach: wir halten uns an die ursprüngliche Definition und definieren den Typ selber.

Dies können wir vornehmen, indem wir den gewünschten Typ in eckigen Klammern der Variablendeklaration voranstellen.

In diesem Fall wäre der Typ [int] ausreichend.

Das neue Skript sieht also folgendermaßen aus:

[int]*$Zahl1 = Read-Host „Bitte geben Sie eine beliebige Zahl ein"*

[int]*$Zahl2 = Read-Host „Bitte geben Sie eine weitere beliebige Zahl ein"*

*$Produkt = $Zahl1 * $Zahl2*

Write-Host „Das Produkt der beiden Zahlen ist $Produkt"

Die Variable *$Produkt* können wir so lassen, denn sie wird aus zwei typisierten Variablen errechnet.

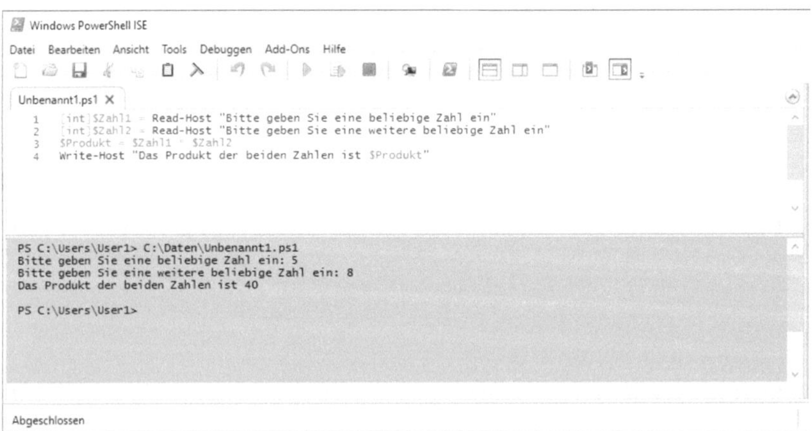

Abbildung 5.22: Ergebnis stimmt

Das sieht besser aus, diesmal stimmt das Ergebnis.

5.4 Schleifen mit „if –else“

Damit kommen wir gleich schon zu unserem nächsten wichtigen Thema bei den Grundlagen des PowerShell-Scripting: einer einfachen Schleife.

Oft möchten Sie Informationen erhalten, die abhängig von einem Vergleich sind.

Ein sehr einfaches Beispiel ist der Vergleich zweier Zahlen, die Sie über die Konsole abfragen können.

[int]$Zahl1 = Read-Host „Bitte eine Zahl"

[int]$Zahl2 = Read-Host „Bitte noch eine Zahl"

Nehmen wir an, Sie sind der Mathematik nicht mächtig und möchten erfahren, ob die erste Zahl größer als die zweite Zahl ist.

In diesem –zugegebenermaßen etwas sperrigen- Beispiel müssen also zwei Werte miteinander verglichen werden.

Dazu benötigen Sie Vergleichsoperatoren.

5.4.1 Vergleichsoperatoren

Wie gesagt, geben Vergleichsoperatoren Ihnen die Möglichkeit, verschiedene Werte miteinander zu vergleichen.

PowerShell unterscheidet sich in dieser Beziehung leider stark von den Werten, die wir normalerweise benutzen, also beispielsweise dem „=“ für eine Gleichsetzung oder dem „>“ für „Größer als“.

Hier sehen Sie die Tabelle mit den Vergleichsoperatoren, die in PowerShell benutzt werden können.

Operator	Bedeutung
-eq	Gleich (equal)
-ne	Ungleich (not equal)
-lt	Kleiner als (Less than)
-le	Kleiner oder gleich (Less than or equal)
-gt	Größer (Greater than)
-ge	Gößer oder gleich (Greater than or equal)

5.4.2 Eine einfache Schleife

Kommen wir zurück zu unserer Anforderung, die beiden Zahlen miteinander zu vergleichen und so zu erfahren, ob die erste Zahl größer als die zweite ist.

In jeder Programmiersprache werden solche Abfragen durch einen direkten Vergleich zweier Werte mithilfe der Vergleichsoperatoren vorgenommen.

Diese Aktion wird in einen Term verpackt, der lautet:

- Wenn (eine bestimmte Abfrage zutrifft)
  if
- Dann (wird eine definierte Aktion vorgenommen)
- Sonst (wird eine andere definierte Aktion vorgenommen)
  else

In unserem Fall könnte man also eine Abfrage machen:

Wenn Zahl 1 größer als Zahl 2 ist

Schreibe: „Zahl 1 ist größer als Zahl 2“

Sonst

Schreibe „Zahl 1 ist nicht größer als Zahl 2“

PowerShell verlangt, dass die Vergleichsanweisung in runden Klammern steht.

If ($Zahl1 –gt $Zahl2)

Die „Dann-Anweisung“ muss ohne weiteres Schlüsselwort in geschweifte Klammern gesetzt werden.

```
{
        Write-Host „Zahl1 ist größer als Zahl 2“
}
```

Danach folgt das Schlüsselwort

Else

Und die „Sonst-Anweisung“ wieder in geschweifte Klammern gesetzt.

```
{
        Write-Host „Zahl1 ist NICHT größer als Zahl 2“
        }
```

Das komplette Skript sieht dann strukturiert und nach PowerShell-Konventionen folgedermaßen aus:

```
[int]$Zahl1 = Read-Host „Bitte eine Zahl"
[int]$Zahl2 = Read-Host „Bitte noch eine Zahl"
If ($Zahl1 –gt $Zahl2)
    {
        Write-Host „Zahl1 ist größer als Zahl 2“
    }
Else
    {
        Write-Host „Zahl1 ist NICHT größer als Zahl 2“
        }
```

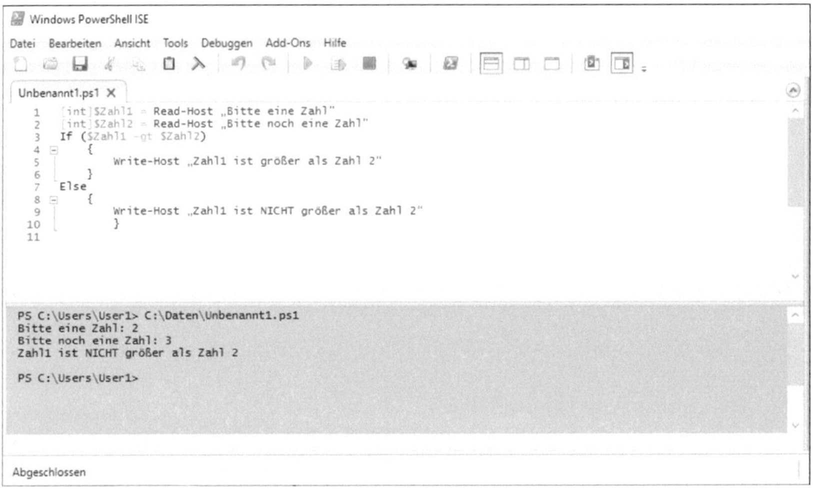

Abbildung 5.23: Einfache Schleife

Durch die Möglichkeit, Vergleichsoperatoren auf diese Art einzusetzen, eröffnen sich eine ganze Reihe an Anwendungen für Sie.

5.5 Filtern von Ausgabe mit „Where-Object“

An dieser Stelle möchte ich noch einmal zur Pipeline zurückkommen, und das Wissen über die Anwendungsmöglichkeiten dieser Ergebnisweitergabe mit dem Wissen über Vergleichsoperatoren kombinieren.

Wir haben gehört, dass eine Pipeline Ausgaben eines Befehls oder eines Cmdlets an einen weiteren Befehl übergeben kann, bevor die Informationen für die Bildschirmausgabe „eingefroren“ werden.

Ein Beispiel dafür war die Anzeige aller Eigenschaften der Dienste.

Get-Service | Get-Member –MemberType Property

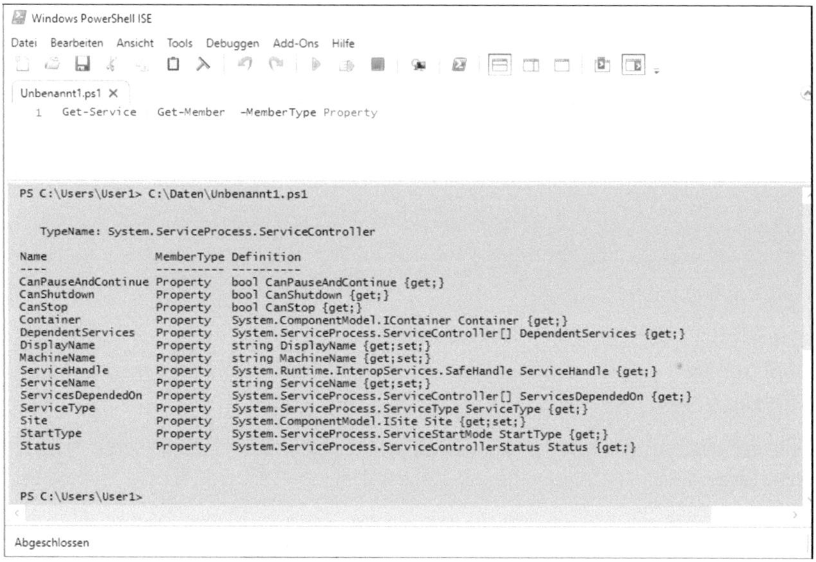

Abbildung 5.24: Anzeigen in einer Pipeline

Wir haben auch gesehen, dass diese Auswahl eingeschränkt werden kann, indem weitere Parameter angehängt werden.

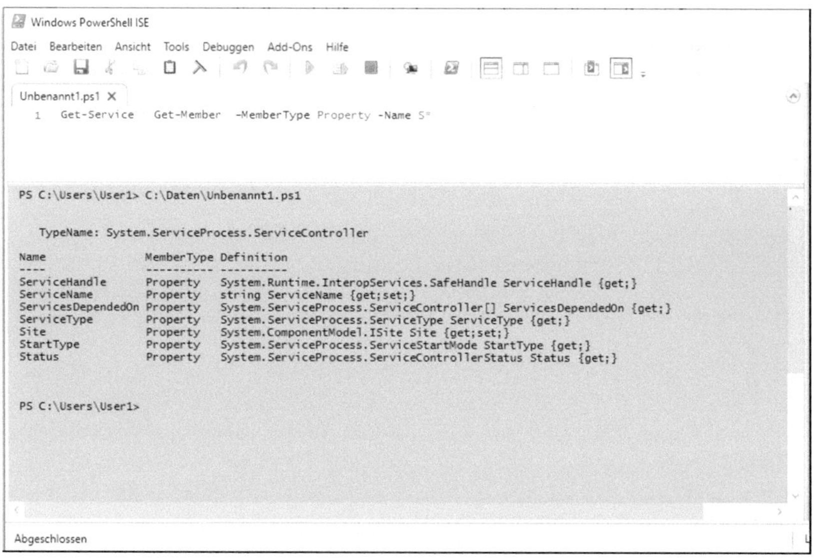

Abbildung 5.25: Einschränkung

Was wir allerdings bisher nicht kennengelernt haben, ist eine Einschränkung der Ausgabe aufgrund von Vergleichsoperatoren.

Ein Beispiel:

Ich möchte alle Dienste angezeigt bekommen, deren Eigenschaft „Status“ den Wert „Running“ hat.

Ich beginne wie immer mit dem Cmdlet

Get-Service

Ich möchte nun eine Übergabe aller Werte haben, also setze ich die Pipeline

|

Nun benötige ich eine Auswahl auf Basis eines Vergleichsoperators.

Dafür bietet PowerShell die Funktion

Where-Object

an

Where-Objekt erhält die übergebenen Informationen und kann mithilfe eines Vergleichsoperators eine Auswahl treffen.

Die Syntax ist

Where-Object {$_.<NameDesAuswahlobjekts <Vergleichsoperator> Wert

Wenn wir also die Selektion anhand des Werts „Running“ des Objekts „Status“ treffen wollen, lautet das komplette Cmdlet

Get-Service | Where-Object {$_.Status -eq "Running"}

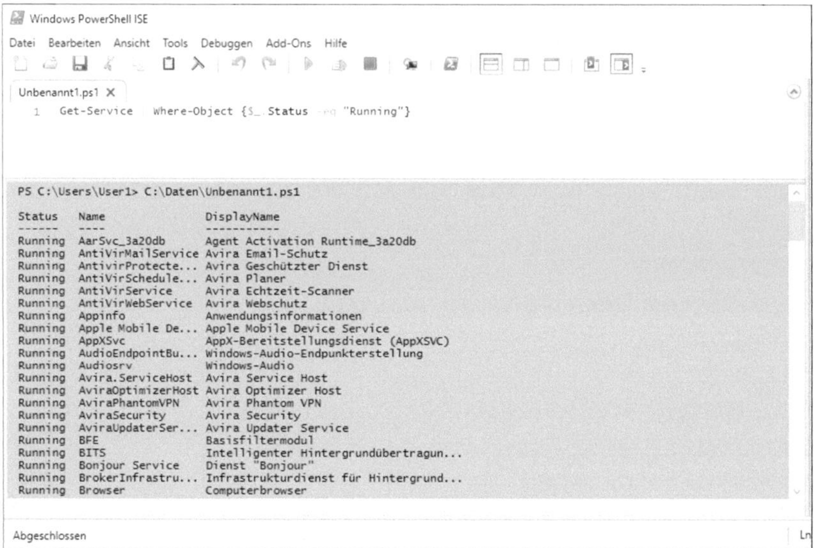

Abbildung 5.26: Gefilterte Ausgabe

An dieser Stelle können alle bereits bekannten Vergleichsoperatoren benutzt werden.

Zusätzlich stehen für die „Where-Object" noch einige zusätzliche Operatoren zur Verfügung:

Operator	**Bedeutung**
-like	Entspricht (Platzhaltervergleich für Text)
-notlike	Entspricht nicht (Platzhaltervergleich für Text)
-contains	Enthält
-notcontains	Enthält nicht

Diese Operatoren können bei einer Auswahl aufgrund von Textwerten benutzt werden.

5.6 Funktionen

Ein weiterer Begriff, den wir als Grundlage betrachten müssen, ist die Funktion.

Funktionen sind Bestandteile von PowerShell, sie werden mit dem Cmdlet

Get-Command

als Objekte der Eigenschaft „CommandType" aufgelistet.

Betrachten wir dies genauer, indem wir die Ausgabe eingrenzen auf eben diese Objekte:

Get-Command- CommandType Function

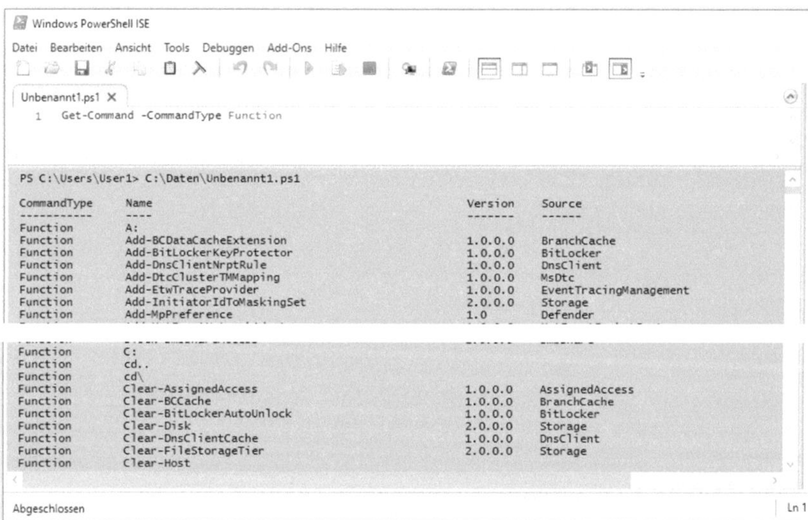

Abbildung 5.27: Auflisten von Funktionen

Es stehen also einige Funktionen bereits beim Öffnen der PowerShell zur Verfügung.

Diese Funktionen werden auf dem PowerShell-Laufwerk „Functions" gespeichert.

Also sollte das Cmdlet

Get-ChildItem function:

das gleiche Ergebnis wie eben bringen.

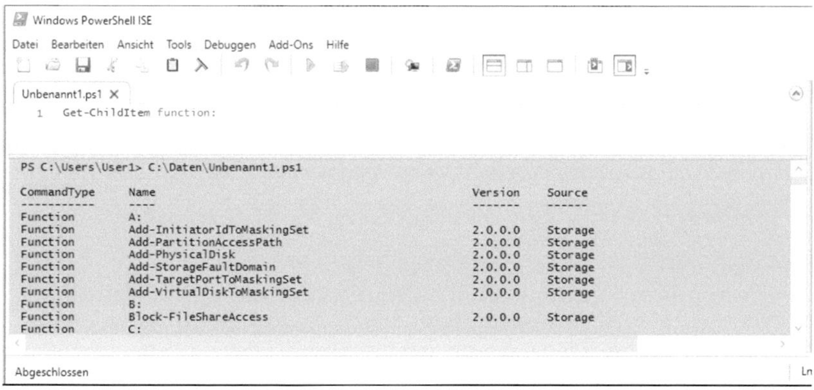

Abbildung 5.28: Get-ChildItem function:

Ja, das Laufwerk „function:“ beherbergt offensichtlich alle Funktionen, die zur Verfügung stehen.

Um zu klären, was genau eine Funktion eigentlich ist, betrachten wir den Inhalt einer dieser Funktionen mit dem Cmdlet

(Get-Item -Path function:<NameDerFunktion>).Definition

Um die Funktion mit dem Namen „cd..“ zu betrachten, lautet die Syntax also:

(Get-Item -Path function:cd..).Definition

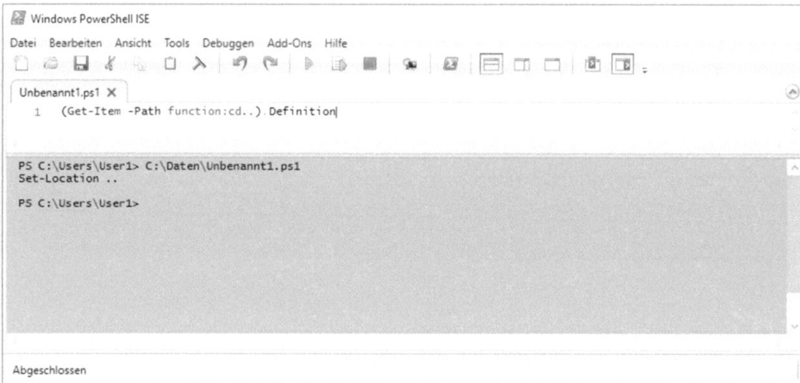

Abbildung 5.29: Inhalt der Funktion „cd..“

Wir können erkennen, dass der Inhalt dieser Funktion ein Cmdlet ist.

Das bringt uns zur ersten Definition einer Funktion:

> Funktionen sind abgeschlossene Einheiten, die aus mindestens einem PowerShell Befehl bestehen und einen Namen tragen.

Aber Moment, haben wir nicht zuvor „cd..“ als Alias bezeichnet?
Ist ein Alias also identisch mit einer Funktion?

Nein.

Das wird klar, wenn wir den Inhalt einer weiteren Funktion untersuchen. Dafür wähle ich die Funktion „prompt” aus.

(Get-Item -Path function:prompt.).Definition

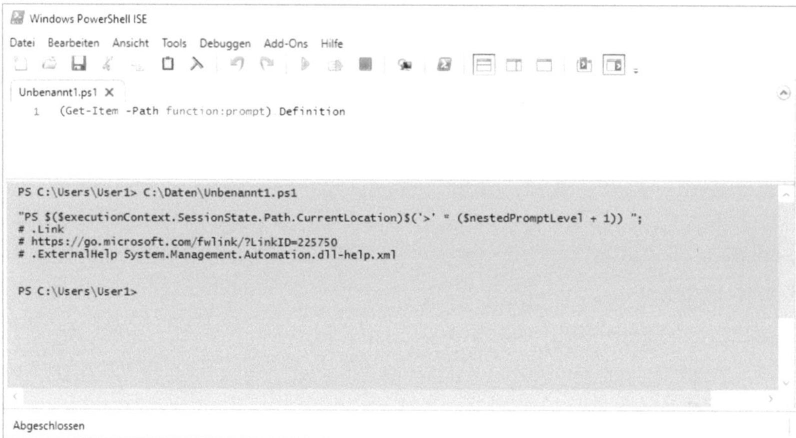

Abbildung 5.30: Funktion prompt

Mit dieser Funktion wird der in der Session angezeigte Prompt festgelegt.

Wir sehen, hierbei ist das Cmdlet komplizierter und beinhaltet mehrere Elemente.

Diese Erkenntnis bringt uns zur zweiten und genaueren Definition des Begriffs „Funktion“:

Funktionen sind abgeschlossene Einheiten, die aus mindestens einem PowerShell Befehl bestehen und einen Namen tragen.

Der Unterschied zum Alias ist, dass in einer Funktion auch Parameter und weitere Elemente benutzt werden können.

Ein Alias ist nur ein Alternativname für ein Cmdlet ohne Parameter.

5.6.1 Funktionen in PowerShell selber erstellen

Nachdem wir nun wissen, was eine Funktion ist, stellt sich die Frage, wie man sie in PowerShell selber erstellen kann.

Das ist recht einfach, wenn man die Syntax kennt.

Diese lautet:

Function <Name der Funktion>

{

<Anweisungsblock>

}

Versuchen wir es mit einem Beispiel.

Bei der Variablendeklaration haben wir folgende Befehlszeilen betrachtet:

[int]*$Zahl1 = Read-Host "Bitte geben Sie eine beliebige Zahl ein"*

[int]*$Zahl2 = Read-Host "Bitte geben Sie eine weitere beliebige Zahl ein"*

*$Produkt = $Zahl1 * $Zahl2*

Write-Host "Das Produkt der beiden Zahlen ist $Produkt"

Wie wäre es, diese Abfrage als Funktion mit dem Namen „Produkt“ zu definieren?

Probieren wir es.

Function Produkt

{

[int]*$Zahl1 = Read-Host "Bitte geben Sie eine beliebige Zahl ein"*

[int]*$Zahl2 = Read-Host "Bitte geben Sie eine weitere beliebige Zahl ein"*

*$Produkt = $Zahl1 * $Zahl2*

Write-Host "Das Produkt der beiden Zahlen ist $Produkt"

}

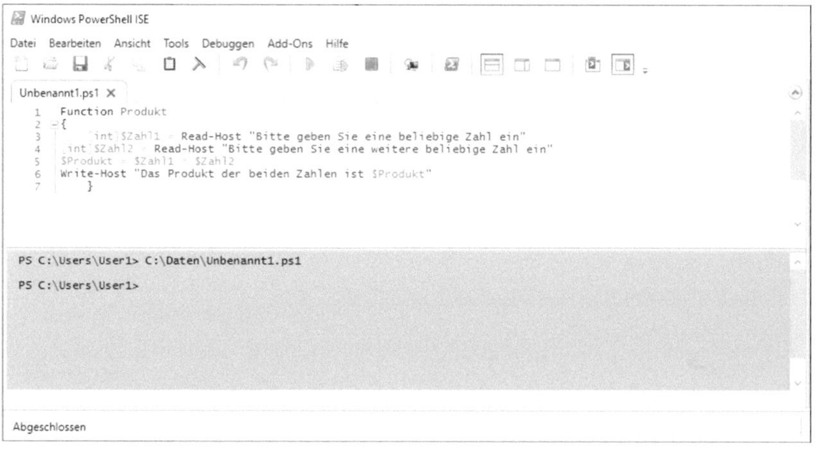

Abbildung 5.31: Erstellung Funktion

Wenn ich diese Befehle ausführen lasse, scheint erst einmal nichts zu passieren.

Die Funktion ist jedoch erstellt und im PowerShell-Laufwerk „Function:“ gespeichert worden.

Dies kann ich überprüfen, in dem ich alle Elemente in diesem Laufwerk anzeigen lasse.

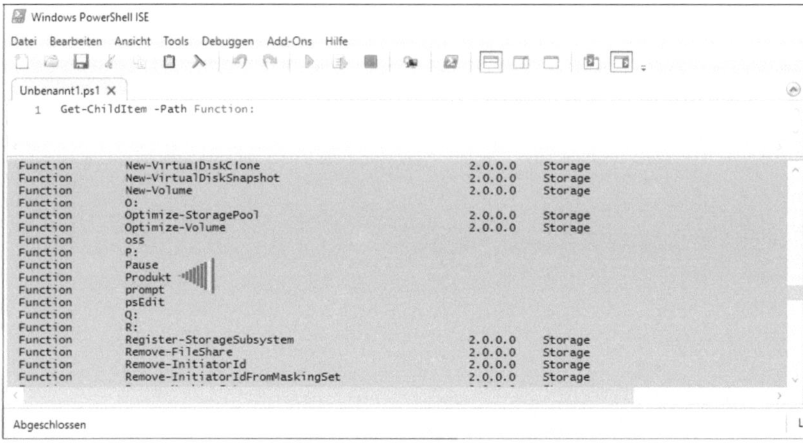

Abbildung 5.32: Funktion ist erstellt

Nun kann ich diese Funktion sehr einfach aufrufen, indem ich einfach ihren Namen eingebe.

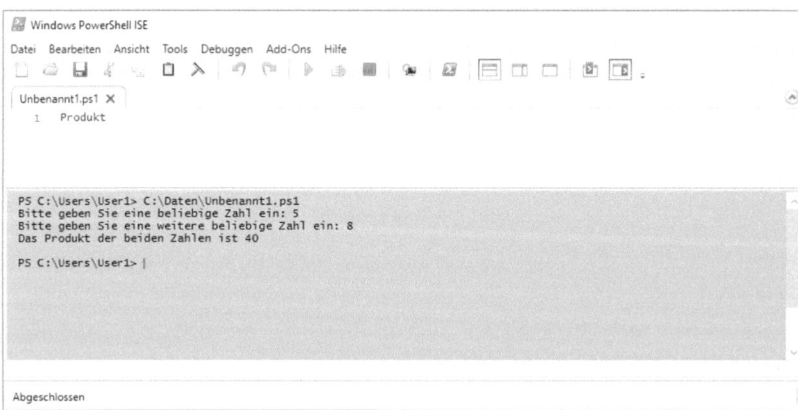

Abbildung 5.33: Funktion wird abgearbeitet

Das ist praktisch.

Stellt sich nur die Frage, ob diese Funktion dauerhaft gespeichert ist?

Das überprüfen wir, indem wir die PowerShell schließen, neu öffnen und erneut versuchen, die zuvor erstellte Funktion aufzurufen.

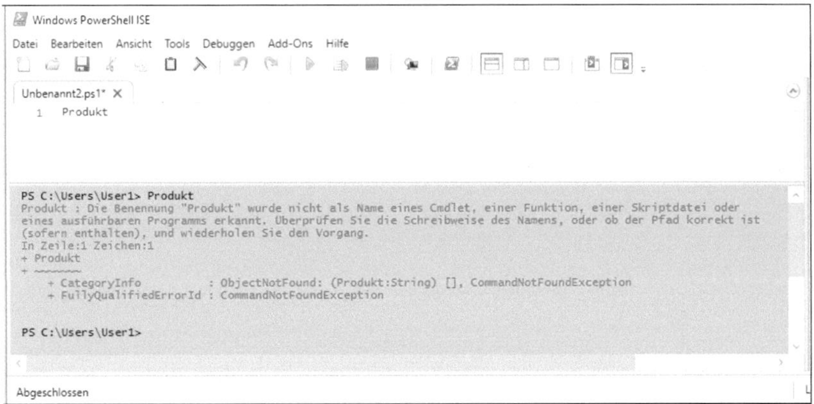

Abbildung 5.34: Funktion ist nicht mehr vorhanden

Schade, sie ist nicht mehr verfügbar.

Bitte merken:
Selbsterstellte Funktionen sind nur für die momentane Sitzung verfügbar.

Funktionen sind praktische Elemente, die Sie in einem PowerShell-Skript verwenden können, machen aber nur dann Sinn, wenn sie mehrfach verwendet werden sollen.

In diesem Fall können Sie einmal im Skript definiert werden, dann kann innerhalb dieser Sitzung (also im Ablauf des Skriptes) immer wieder auf diese Funktion zugegriffen werden.

Funktionen dauerhaft verfügbar machen

Es gibt allerdings eine Möglichkeit, eine Funktion dauerhaft verfügbar zu machen:

Sie legen sie im Profilskript fest, dann wird sie bei jedem Start der Konsole ausgelesen und steht Ihnen zur Verfügung.

5.7 Ein fertiges Skript ausführen

Nun sind Sie endlich in der Lage, ein komplettes Skript zu erstellen. Dabei können Sie alle erlernten Techniken benutzen, um das gewünschte Ergebnis zu erreichen.

Allerdings werden Sie eine Enttäuschung erleben, wenn Sie ein fertiges Skript erstellt haben und dieses ausführen wollen.

Auf meinem Windows 10 System habe ich ein sehr einfaches Skript erstellt, das nur ein einziges Cmdlet enthält.

Dieses habe ich unter dem Namen „Skript1.ps1" gespeichert.

Um das Skript zu starten, wechsle ich in den Ordner und gebe folgendes Kommando ein

.\\<*NameDesSkripts*>

Leider erhalte ich eine Fehlermeldung, die besagt, dass das Ausführen eines Skripts auf diesem Computer verboten ist.

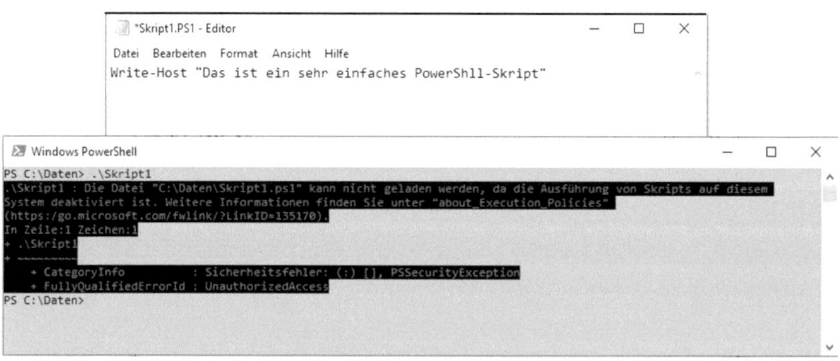

Abbildung 5.35: Fehlermeldung

Das ist die Standardeinstellung auf Windows 10 Computern, Sie können keine Skripte ausführen.

Die Eigenschaft „value_" kann folgende Werte annehmen:

Wert	**Bedeutung**
AllSigned	Signierte Skripts und Konfigurationsdateien von einem vertrauenswürdigen Herausgeber werden ausgeführt. Auch lokal erstellte Skripts müssen signiert sein.
Bypass	Keinerlei Blockade, keine Warnungen oder Prompts.
RemoteSigned	Aus dem Internet heruntergeladenen Skripts und Konfigurationsdateien müssen von einem vertrauenswürdigen Herausgeber signiert sein.
Restricted	Es werden keine Konfigurationsdateien geladen und keine Skripts ausgeführt (Standard).
Undefined	Entfernt die gerade zugewiesene Richtlinie (nur für lokal zugewiesene Richtlinien, nicht für GPO-applizierte).
Unrestricted	Alle Konfigurationsdateien und alle Skripts werden ausgeführt. Bei nicht signierten Skripts aus dem Internet muss man jede Ausführung am Prompt bestätigen.

Lassen Sie uns die momentane Einstellung überprüfen:

Get-ExecutionPolicy

Abbildung 5.36: Ausführung verboten

Welche Version der Beschränkung für die Ausführung eines Skripts Sie wählen, bleibt Ihnen überlassen.

Für diesen Kurs möchte ich eine unbeschränkte Ausführung von Skripten haben, deswegen gebe ich ein:

Set-ExecutionPolicy unrestricted

Dieses Cmdlet muss ich natürlich mit administrativen Rechten ausführen!

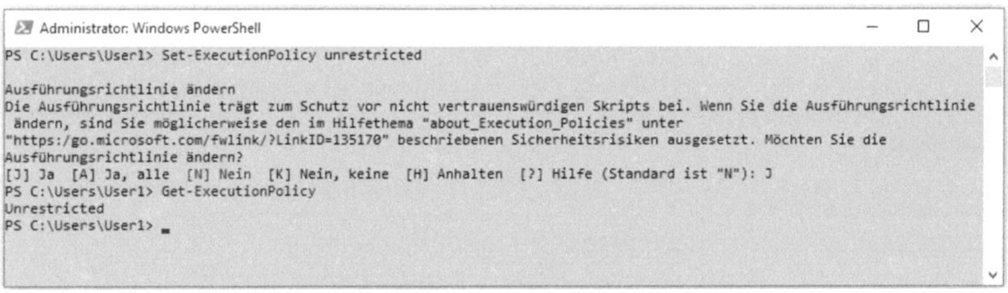

Abbildung 5.37: Set-ExecutionPolicy

Nach einer Bestätigung wird die Ausführungsebene geändert.

Nun kann ich auch mein Skript ausführen.

Abbildung 5.38: Skript kann ausgeführt werden

5.8 Aufgabe / Lösung

5.8.1 Aufgabe

Erster Teilschritt

Sie möchten wissen, welche Eigenschaften einem Objekt der Klasse „NetIPAddress“ zugeordnet sind, wenn das Verb „Get“ benutzt wird.

Zweiter Teilschritt

Nun möchte ich genauere Informationen über die Eigenschaft „Type“ eines ausgewählten Netzwerkkartenadapters.

Dritter Teilschritt

Lassen Sie sich nun mit einer Systemvariablen alle Informationen über den aktuellen Computer anzeigen.

Vierter Teilschritt

Nun erstellen Sie eine Abfrage, mit deren Hilfe Sie festlegen, dass Sie eine Ausgabe von

„Netzwerkkartentyp ist Unicast“

erhalten, wenn der Typ des gewählten Netzwerkadapters „Unicast“ ist.

Andernfalls soll die Ausgabe lauten

„Netzwerkkartentyp ist NICHT Unicast“.

5.8.2 Lösung

Erster Teilschritt

Das Cmdlet hierfür lautet

Get-NetIPAddress | Get-Member –MemberType Property

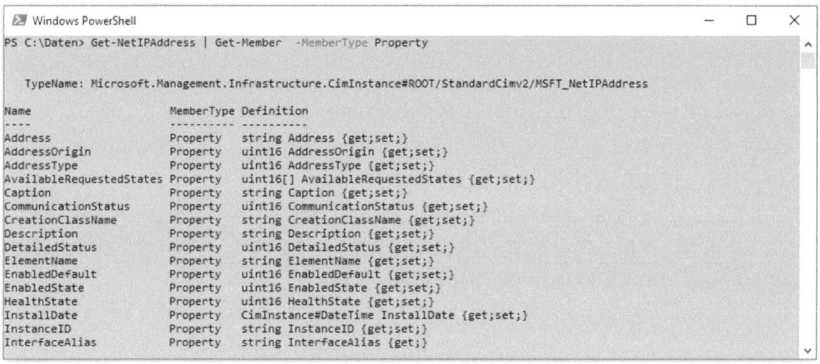

Abbildung 5.39: Get-NetIPAddress

Zweiter Teilschritt

Hierfür gibt es mehrere richtige Möglichkeiten.

Eine Lösung ist:

(Get-NetIPAddress -InterfaceIndex xx).Type

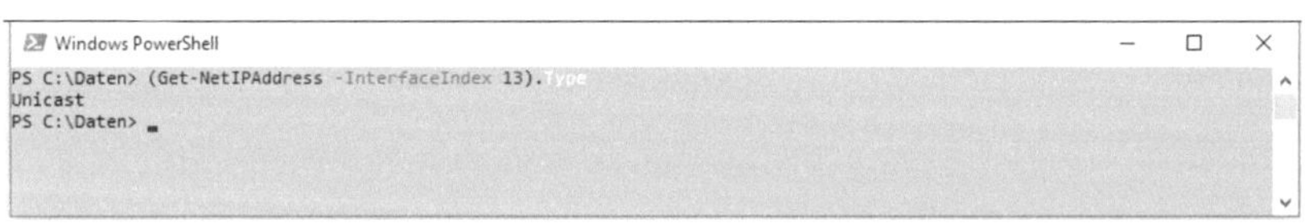

Abbildung 5.40: Anzeige der Eigenschaft

Dritter Teilschritt

Die Systemvariable

$Host

kann ausgelesen werden.

Abbildung 5.41: Host

Vierter Teilschritt

Sie erstellen eine If-Else Schleife.

Die Syntax lautet:

```
if ((Get-NetIPAddress -InterfaceIndex 13).Type -eq "Unicast")
  {
  Write-Host "Netzwerkkartentyp ist Unicast"
  }
 Else
  {
  Write-Host "Netzwerkkartentyp ist NICHT Unicast"
  }
```

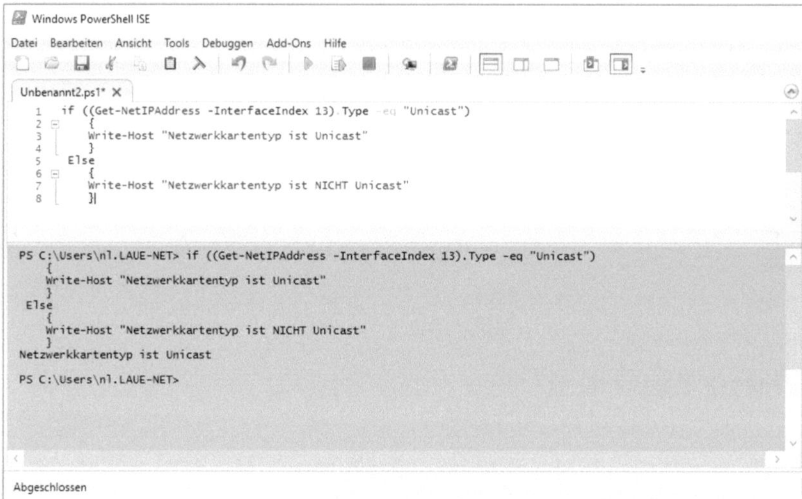

Abbildung 5.42: Schleife

6 PowerShell-Skripte erstellen

Nun ist es soweit, wir haben uns die Grundlagen der Arbeit mit der PowerShell erarbeitet, nun können wir beginnen, Skripte zu erstellen.

In diesem Kapitel möchte ich mit Ihnen einige Beispiele heraussuchen und diese mit Ihnen in allen Schritten besprechen.

Alle Skripte werden in der ISE angefertigt und in ihr getestet.

6.1 Kommentare in Skripten

Wenn Sie ein Skript erstellen, wissen Sie momentan zwar sehr genau, was Sie damit bezwecken möchten, aber wissen Sie das auch noch in einem Monat? Oder ihr Kollege, mit dem Sie zusammenarbeiten?

Wenn Sie nicht möchten, dass Sie immer wieder den Code untersuchen müssen, um zu erkennen, was dieses Skript bewirken soll, sollten Sie sich das Kommentieren des Skripts angewöhnen.

Wenn Sie nur einen einzeiligen Kommentar eingeben möchten, beginnen Sie diese Zeile mit dem Nummernzeichen

```
#
```

Alle Informationen, die hinter dem Zeichen # stehen, werden vom Interpreter ignoriert.

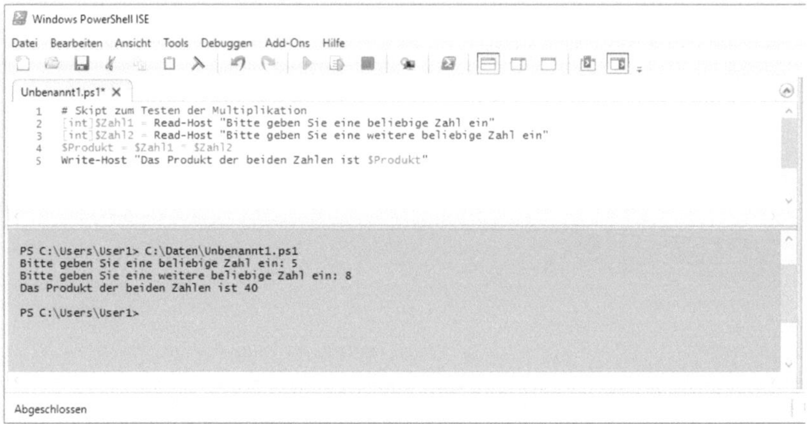

Abbildung 6.1: Kommentarzeile

Wenn Ihnen eine einzelne Zeile nicht ausreicht, da die Erklärung komplizierter ist, beginnen Sie den Kommentar mit dem Öffnen einer spitzen Klammer und danach dem Nummernzeichen #.

Geben Sie danach alle Informationen ein und beenden Sie den Kommentar wieder mit dem Nummernzeichen # und dem Schließen der spitzen Klammer. >

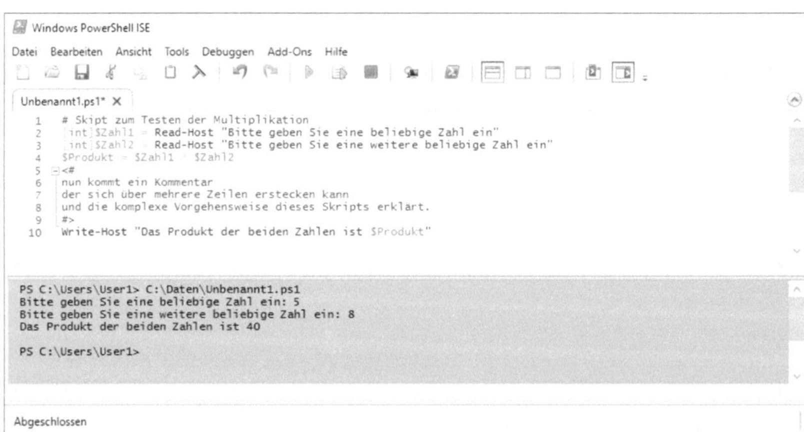

Abbildung 6.2: Mehrzeiliger Kommentar

Der Interpreter erkennt auch diesen mehrzeiligen Kommentar und kennzeichnet dies auch.

6.2 Skripts für eine Analyse von Daten im Active Directory

Ein Großteil der Arbeit ist häufig, dass Sie Elemente im Active Directory verwalten müssen, in den meisten Fällen handelt es sich hierbei um Benutzerkonten.

Viele immer wiederkehrende Tasks lassen sich folgendermaßen beschreiben:

- Bestimmte Objekte suchen, z.B. Benutzer, Computer, Gruppen
- Einschränkungen machen, z.B. deaktivierte Konten, Gruppen ohne Mitglieder
- Anzuzeigende Attribute wählen, z.B. Benutzername, Computername
- Ausgabeart wählen, z.B Ausgabe in Textdatei, csv-Datei

Das sind natürlich ideale Voraussetzungen für eine Analyse mithilfe von PowerShell-Skripten.

6.2.1 Suche nach definierten Active Directory Objekten

Wenn Sie nach Benutzerkonten im Active Directory suchen möchten, können Sie immer das Cmdlet

Search-ADAccount

verwenden.

Danach müssen Sie sich entscheiden, welche Einschränkungen Sie für das Ergebnis vornehmen möchten, beispielweise

-AccountDisabled	Alle deaktivierten Konten
-AccountDisabled -UsersOnly	Alle deaktivierten Benutzerkonten
-AccountExpired	Alle abgelaufenen Konten
-AccountExpired -UsersOnly	Alle abgelaufenen Benutzerkonten
-PasswordExpired	Alle Konten mit abgelaufenen Kennwort

Eine große Hilfe ist hier die ISE, da sie Ihnen während der Eingabe Vorschläge macht.

Ich suche nun nach deaktivierten Benutzerkonten.

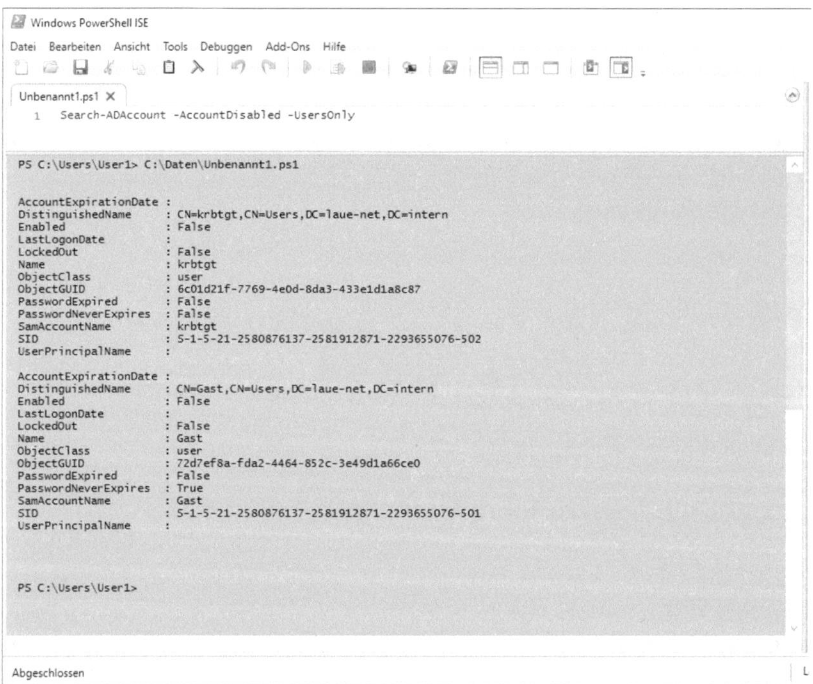

Abbildung 6.3: Deaktivierte Benutzerkonten

Ich erhalte eine sehr detaillierte Anzeige.

Allerdings interessieren mich viele Informationen nicht, ich möchte nur wissen, wie der SamAccountName lautet und ob das Kennwort dem Ablaufzyklus unterworfen ist.

Ich setze die bisherige Ausgabe also in eine Pipeline und wähle die Objekte

SamAccountName

PasswordNeverExpires

aus.

| *Select-Object SamAccountName, PasswordNeverExpires*

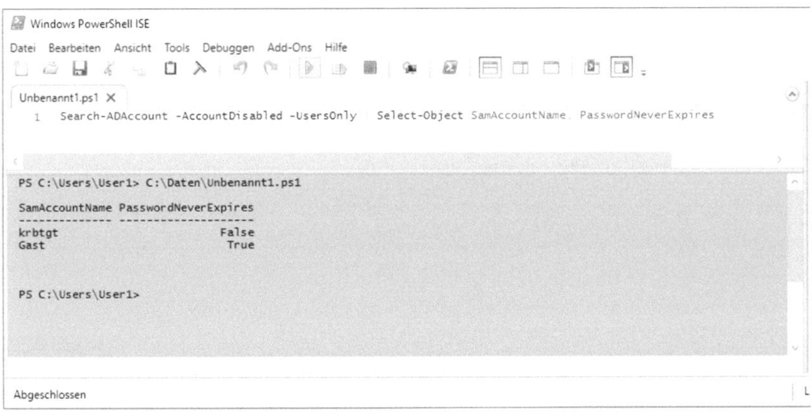

Abbildung 6.4: Pipeline als Filter

Wenn mir diese Ausgabe genügt, kann ich an dieser Stelle das Skript beenden.

Allerdings habe ich noch die Möglichkeit, die Ausgabe in eine Datei umzulenken. In diesem Fall möchte ich die Ausgabe in eine csv-Datei umlenken.

Auch das nehme ich mit einer Pipeline und dem Cmdlet

Export-CSV
vor.

| Export-CSV "C:\Daten\DeaktivierteBenutzer.CSV"

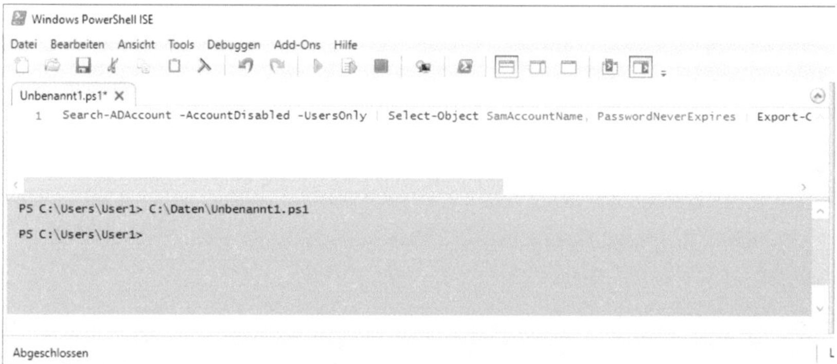

Abbildung 6.5: Ausgabe in Datei

Allerdings sehen Sie auch, dass das Skript nun sehr schwer zu lesen ist, da alles in einer Zeile geschrieben wurde.

Gewöhnen Sie sich bitte hier eine lesbare Eingabe an, wechseln Sie beispielsweise die Zeile nach dem Pipeline-Zeichen und setzen Sie die Eingabe dann in der nächsten Zeile fort.

Abbildung 6.6: Strukturiertes Skript

Auf die gleiche Art können Sie abgelaufene Benutzerkonten finden:

Search-ADAccount -AccountExpired -UsersOnly

Oder gesperrte Benutzerkonten

Search-ADAccount -LockedOut -UsersOnly

All diese Cmdlets können Sie natürlich mit optionalen Pipelines ergänzen.

6.2.2 Suche nach Active Directory Objekten mit Variablen

Lassen Sie uns zunächst mit einer Liste der Computer aus dem Active Directory beginnen.

Hier lautet das Cmdlet

*Get-ADComputer -Filter **

Dieses Cmdlet benötigt den Parameter „Filter" zwingend. Mit dem *geben wir an, dass alle Computerkonten angezeigt werden sollen.

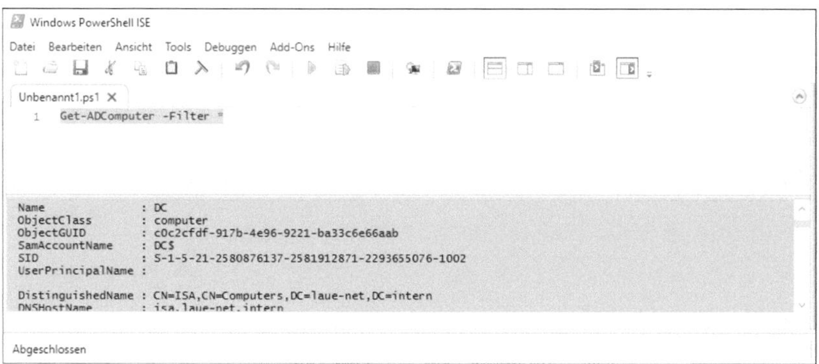

Abbildung 6.7: Get-ADComputer

Wir möchten jetzt aber einen spezifischeren Filter setzen, nämlich alle Computer anzeigen lassen, an denen sich eine bestimmte Zeit lang niemand angemeldet hat, der Computer also inaktiv war.

Der erste Schritt dafür ist, dass ich eine Variable erstelle, mit der ich die inaktiven Tage definiere.

Dies möchte ich so gestalten, dass ich nach der Anzahl der inaktiven Tage gefragt werde und ich diese dann eingeben kann.

[int]$InaktiveTage = Read-Host "Bitte geben Sie die Anzahl der inaktiven Tage ein"

Nun muss ich diese Zahl von heutigen Datum abziehen, um einen Wert für die Abfrage zu erhalten, ob seit diesem Zeitpunkt eine Anmeldung stattgefunden hat.

Dafür erstelle ich eine weitere Variable.

$Zeit =

Um auf das gewünschte Datum zu kommen, muss ich zunächst das aktuelle Datum erfahren. Dies kann ich mit folgenden Cmdlet vornehmen:

Get-Date

„Get-Date" hat eine Methode, mit der Tage zu diesem Datum addiert oder subtrahiert werden können. Diese Methode heißt „AddDays".
Mit dem Aufruf der Methode lautet das Cmdlet bisher

(Get-Date).AddDays

Um den Wert der Variablen „$InaktiveTage" abzuziehen, und den neuen Wert, also ein Datum, das in der Vergangenheit liegt, zu erhalten, lautet die komplette Zeile:

$Zeit = (Get-Date).AddDays(-($InaktiveTage))

Nun kann ich an diese Variablendeklaration das bereits bekannte Cmdlet anhängen:

Get-ADComputer -Filter

Wobei ich nur noch den Filter anpassen muss.

Hierbei vergleiche ich das Attribut „LastLogonTimeStamp“ mit der Variablen $Zeit, die ich zuvor angelegt habe.

Diese Operation wird in geschweifte Klammern gesetzt.

Get-ADComputer -Filter {LastLogonTimeStamp –lt $Zeit}

Das gesamte bisherige Skript lautet also:

[int]$InaktiveTage = Read-Host „Bitte geben Sie die Anzahl der inaktiven Tage an"
$Zeit = (Get-Date).Adddays(-($InaktiveTage))
Get-ADComputer -Filter {LastLogonTimeStamp -lt $Zeit}

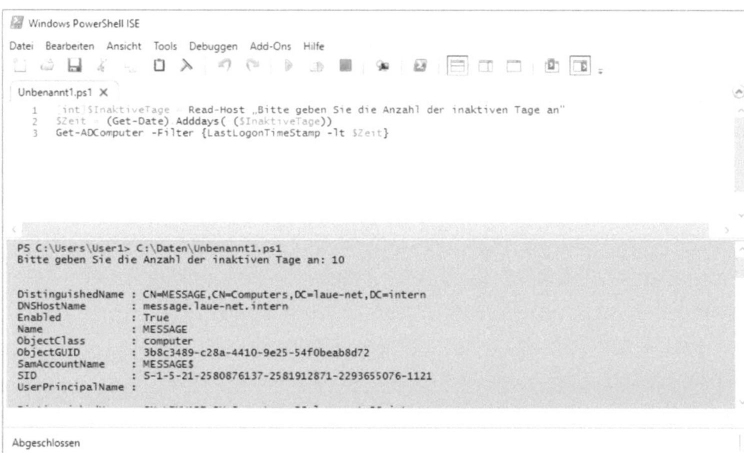

Abbildung 6.8: Ausgeführtes Skript

6.3 Skripts für die Systemadministration

Die lokale Systemadministration ist mindestens genauso wichtig wie das Verwalten des Active Directory.

In Folge zeige ich Ihnen einige Beispiele, die Sie umsetzen können.

6.3.1 Anzeige von wenig freiem Speicherplatz

Hier ist ein weiteres Beispiel aus der Systemverwaltung.

Festplattenspeicher ist immer knapp, aber er sollte nicht zu knapp werden.

In Folge erstellen wir uns ein Skript, das den freien Speicherplatz anzeigt und ausgibt, ob Sie mehr oder weniger freien Speicherplatz als 20% zur Verfügung haben.

Zunächst wieder einige Vorüberlegungen.

Natürlich gibt es viele Wege, die ans Ziel führen und ich freue mich, wenn Sie einen anderen Weg finden, der effizienter ist.

Aber einen möglichen Weg möchte ich Ihnen hier darstellen.

Alle Überlegungen beginnen immer mit grundsätzlichen Überlegungen.

Ich kann Informationen über die Festplatte C:\ bekommen, wenn ich eingebe

Get-Volume –DriveLetter C

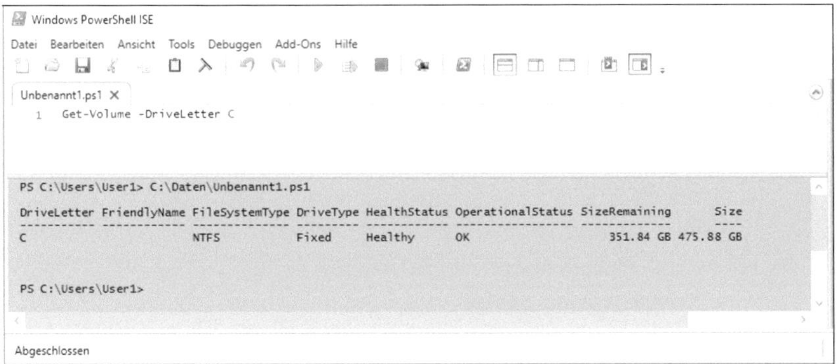

Abbildung 6.9: Get-Volume

Mit diesem Cmdlet erhalte ich bereits viele Informationen, die ich weiterverarbeiten kann.

Unter anderem sehe ich

- Die komplette Speicherkapazität der Festplatte
- Die verbleibende Speicherkapazität der Festplatte

Mit diesen zwei Werten ist es möglich, den Prozentsatz des freien Speichers zu berechnen, und zwar mithilfe des einfachen Dreisatzes:

Gesamter Speicherplatz	=	100%
Verbleibender Speicher	=	?

Freier Speicherplatz in % ist Verbleibender Speicher * 100 / Gesamter Speicherplatz.

Ok, damit wissen wir, wie wir die Berechnung vornehmen können.

Für die Vorbereitung benötigen wir zwei Variablen:

$PartitionC

für die Informationen der Partition C, die wir mit dem Cmdlet Get-Volume erhalten

$Prozentsatz

für das Ergebnis der oben angeführten Berechnung. Hierfür benutzen wir die Eigenschaften

- SizeRemaining
- Size

$PartitionC=Get-Volume -DriveLetter C

*$Prozentsatz=($PartitionC.SizeRemaining/$PartitionC.Size)*100*

Nun können wir mit einer einfachen „If-Schleife“ abfragen, ob der Wert der Variablen

$Prozentsatz

kleiner als 20% ist und eine dementsprechende Ausgabe fordern.

Für den Fall, dass der freie Speicher größer als 20% ist, kann eine andere Ausgabe gewählt werden.

```
if($Prozentsatz -lt 20)
        {
                Write-Host „Es ist weniger als 20% Speicherplatz verfügbar.“
                Write-Host „Freier Speicherplatz nur noch $Prozentsatz%“
        }
else
        {
                Write-Host „Es ist mehr als 20% Speicherplatz verfügbar.“
                Write-Host „Freier Speicherplatz: $Prozentsatz%“
        }
```

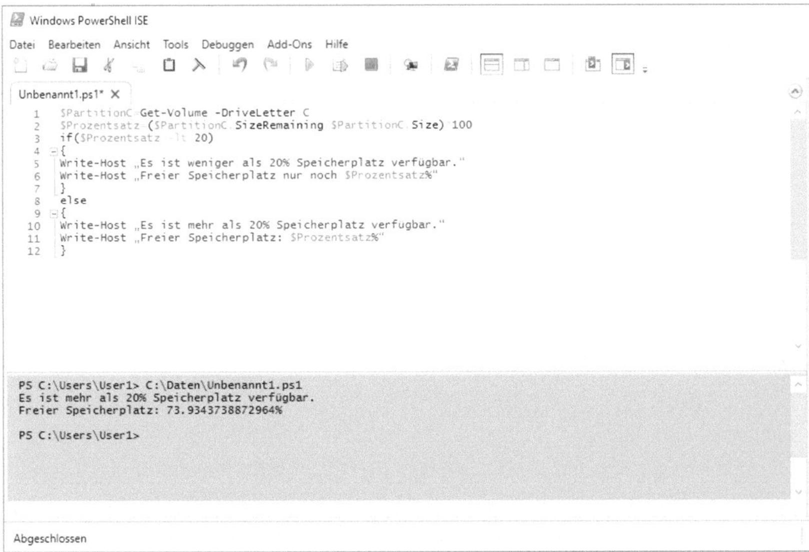

Abbildung 6.10: Anzeige des freien Speicherplatzes

6.3.2 Anzeige von Einträgen in der Ereignisanzeige

Auch die Ereignisanzeige kann mithilfe der PowerShell verwaltet werden.

Das Cmdlet für die Anzeige lautet

Get-Eventlog

Dieses Cmdlet erfordert zwingend den Parameter

-LogName

Sollten Sie ihn nicht direkt nach dem Cmdlet angeben, wird er abgefragt.

Es stehen Ihnen alle Ereignisprotokolle zur Verfügung, beispielsweise das Systemprotokoll mit Namen „System".

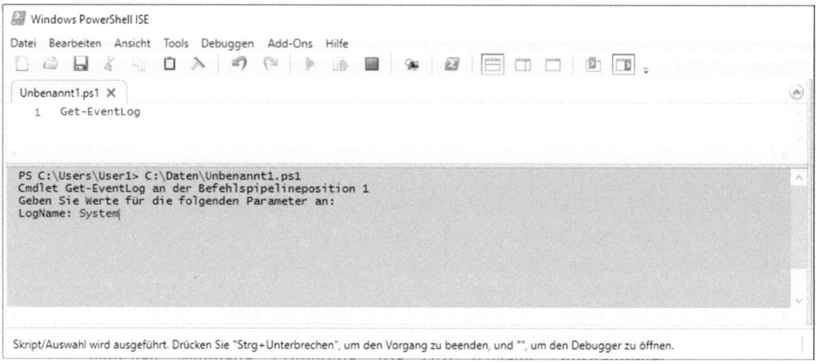

Abbildung 6.11: Anzeige der Einträge im System-Log

Diese Anzeige ist natürlich nicht sinnvoll, denn sie enthält eine sehr große Menge an Einträgen, die Sie nicht mehr beurteilen können.

Hier wäre schon ein erster Filter sinnvoll, beispielsweise nur die Anzeige der letzten 10 Einträge.

Get-Eventlog –LogName System –Newest 10

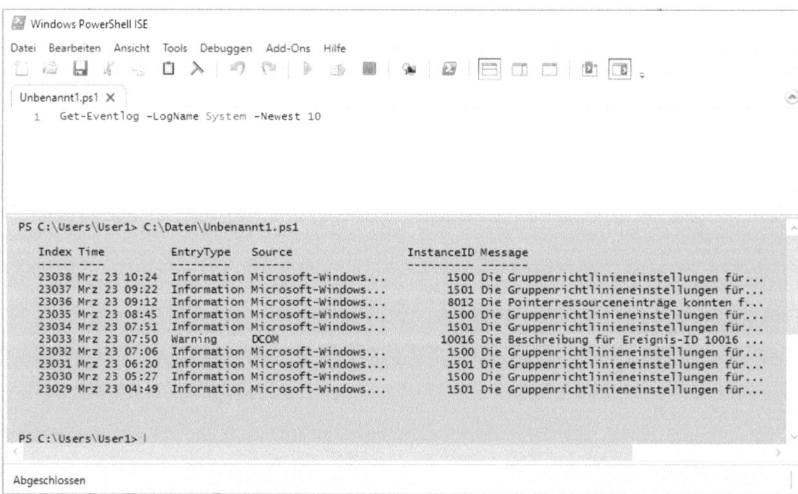

Abbildung 6.12: Anzeige der letzten 10 Einträge

Das ist schon deutlich sinnvoller.

Filtern mit „Where-Object“

Allerdings stellt sich die Frage, ob es nicht sinnvoller wäre, nur die Warnung und Fehler anzuzeigen. Die Informationen sind ja nur normale Systemereignisse und interessieren in den meisten Fällen nicht wirklich.

Also müssen wir das bisherige Cmdlet noch um eine „Where-Object“ Funktion ergänzen.

Wir beziehen uns auf die Eigenschaft „EntryType“.

Hier möchte ich nur die Warnungen herausfiltern, und zwar aus den letzten 100 Einträgen.

Where-Object {$_.EntryType -like "Warning"}

Das komplette Cmdlet lautet also

Get-Eventlog –LogName System –Newest 100 | Where-Object {$_.EntryType -like "Warning"}

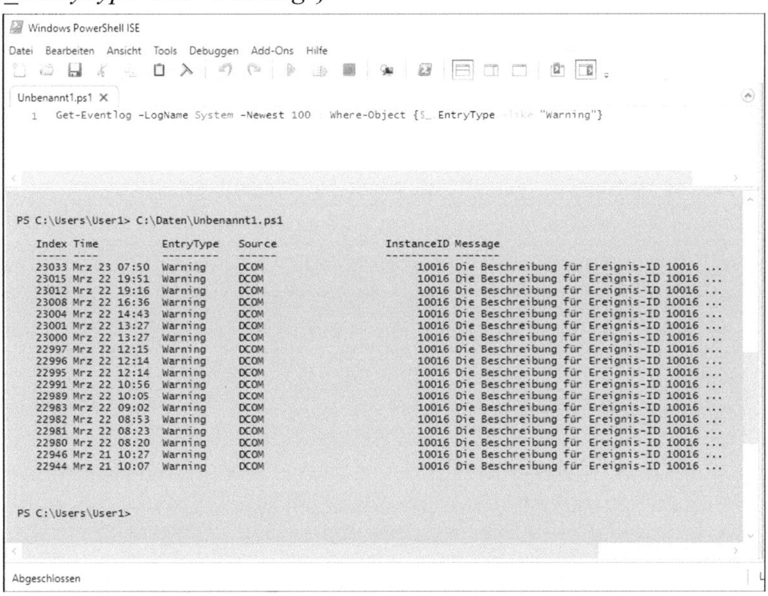

Abbildung 6.13: Gefiltert nach Übereinstimmung

Mehrere Operatoren

Es gibt auch die Möglichkeit, die Auswahl mit weiteren Logikoperatoren, wie

-and

-or

zu verfeinern.

Möchte ich beispielsweise im obigen Beispiel alle Warnung **und** Fehler sehen, kann ich die zweite Auswahl einfach innerhalb der geschweiften Klammer mit –or anfügen.

Das neue Cmdlet lautet dann:

Get-Eventlog –LogName System –Newest 100 | Where-Object {$_.EntryType -like "Warning" –or $_.EntryType -like "Error"}

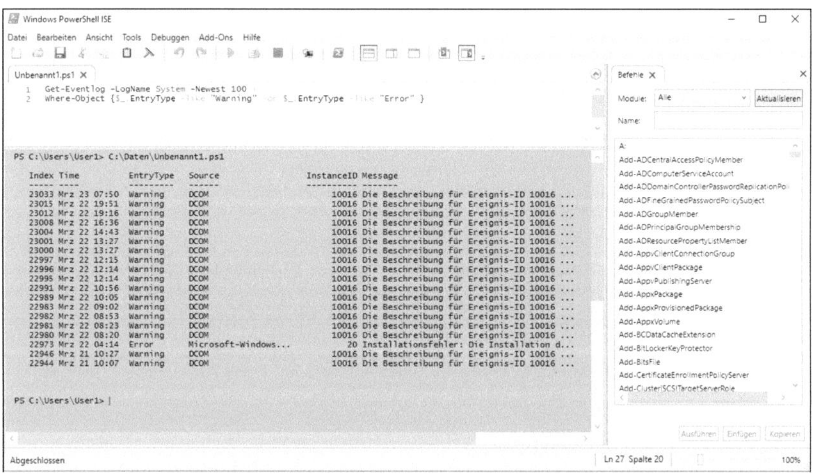

Abbildung 6.14: Gefiltert nach Warnungen und Fehlern

6.4 Die WMI-Objekte

Windows bietet die sogenannten WMI-Objekte an (Windows Management Instrumentation, Windows-Verwaltungsinstrumentation).

Dies ist ein mächtiges Instrument, denn durch WMI können Sie viele Informationen über das System abrufen.

Diese Informationen erhalten Sie mit dem Cmdlet

Get-WMIObject -List

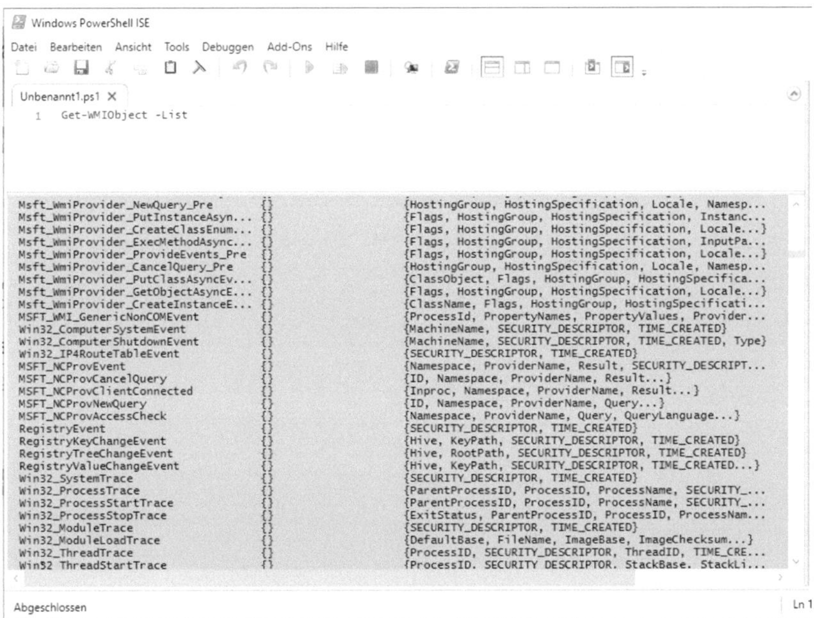

Abbildung 6.15: Liste aller WMI-Objekte

Mit diesem Cmdlet und dem Parameter „Class“ können Sie die wichtigsten Informationen über das System abrufen.

Get-WmiObject –Class Win32_BIOS

Mit diesem Cmdlet können Sie Informationen über das BIOS abrufen.

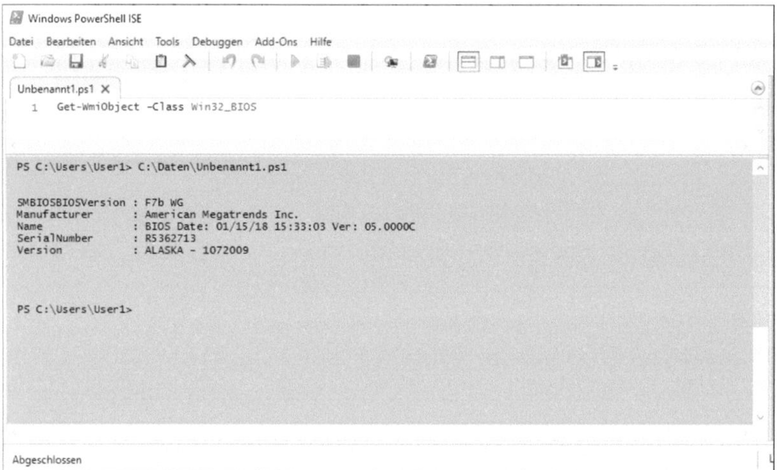

Abbildung 6.16: Auflisten der Bios-Informationen

Get-WmiObject –Class Win32_StartupCommand

Dieses Cmdlet liefert Ihnen Informationen über alle Programme, die beim Systemstart automatisch mit gestartet werden.

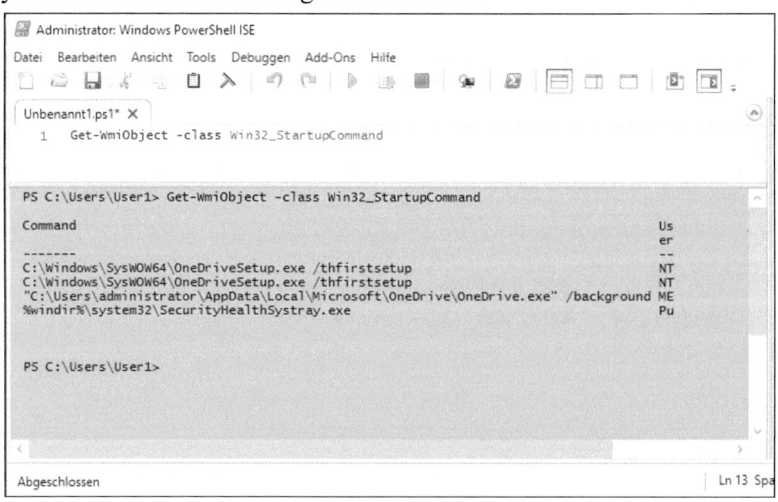

Abbildung 6.17: Autostart Programme

Get-WmiObject –Class Win32_VideoController

Benutzen Sie dieses Cmdlet, um Informationen über den installierten Videoadapter zu erhalten.

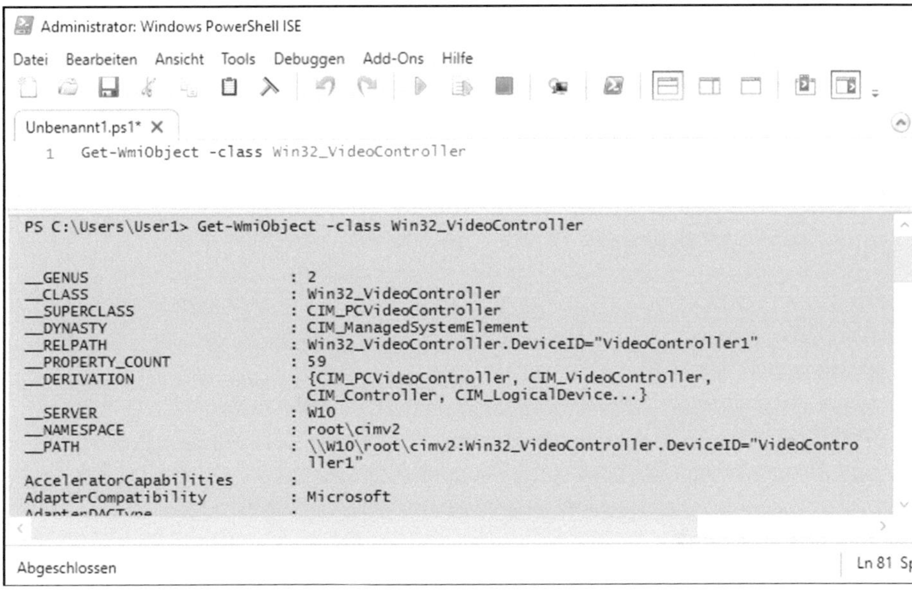

Abbildung 6.18: Videoadapter

Get-WmiObject –Class win32_ComputerSystem

Dieses Cmdlet gibt Ihnen einen Überblick über das aktuelle Computersystem.

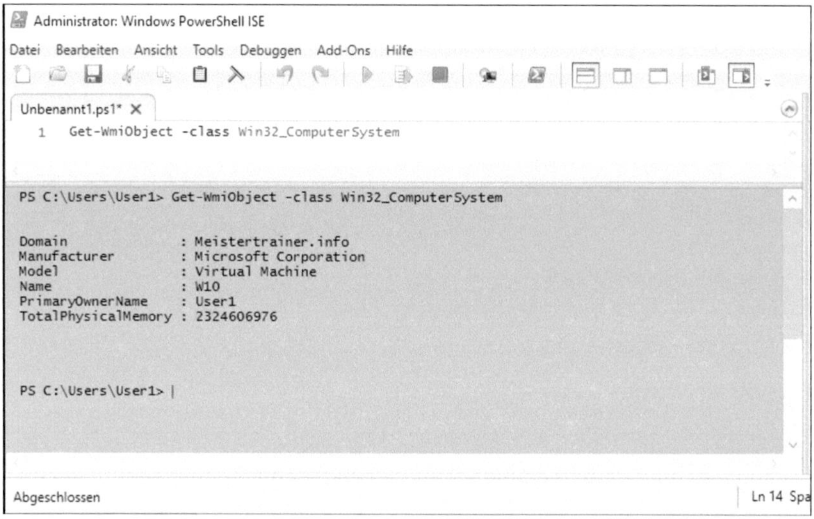

Abbildung 6.19: Computersystem

7 PowerShell grenzenlos

Die PowerShell ist ein mächtiges Werkzeug, und das nicht nur auf einem einzelnen Windows Rechner.

Sie haben weit über diese Grenzen hinaus Möglichkeiten, die PowerShell einzusetzen.

7.1 PowerShell Remoting

Obwohl wir uns bisher nur mit dem Verwalten eines lokalen Rechners beschäftigt haben, bietet PowerShell auch die Unterstützung, die Befehle an einen anderen Rechner weiter zu leiten und dort auszuführen.

Diese Art der Fernverwaltung wird „PowerShell Remoting“ genannt.

In vielen Fällen werden Sie die Verbindung zum Remoterechner über WinRm vornehmen, es gibt aber auch die Möglichkeit über SSH.

7.1.1 Powershell Remoting über WinRM

Remotesitzungen können nur mit administrativen Rechten ausgebaut werden, der Benutzer, der die Remotesitzung initiiert, muss also Mitglied der Gruppe „Administratoren“ auf dem Zielrechner sein.

Auch müssen die Rechner, die über PowerShell, Befehle von einem anderen Computer annehmen, dafür konfiguriert werden.

Im Detail wird der WinRM Dienst für die Verbindung verwendet, dieser ist standardmäßig gestoppt:

Deswegen öffne ich auf beiden Rechnern, sowohl auf dem Quell- als auch auf dem Zielrechner eine PowerShell im Administratormodus.

Für das Starten des Dienstes und das Anpassen notwendiger Firewallregeln muss am Zielcomputer folgender Befehl in der PowerShell eingegeben werden:

Enable-PSRemoting –Force

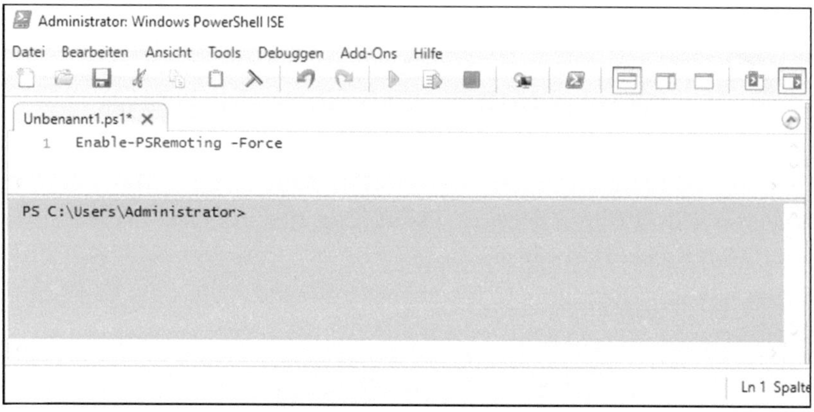

Abbildung 7.1: WinRm aktivieren

In einer Domänenumgebung muss dieser Befehl nur am Zielrechner eingegeben werden, in einer Arbeitsgruppe dagegen muss auch der Quellrechner konfiguriert werden.

In unserem Beispiel befinden wir uns in einer Domäne, deswegen kann ich die Remotesitzung nun sofort einleiten.

Ich öffne die PowerShell ISE und wähle „Datei“ –„Neue Remote PowerShell Registerkarte.“

Hier gebe ich den Zielcomputer und den gewünschten Benutzer ein.
Im nächsten Schritt wird das Kennwort abgefragt.

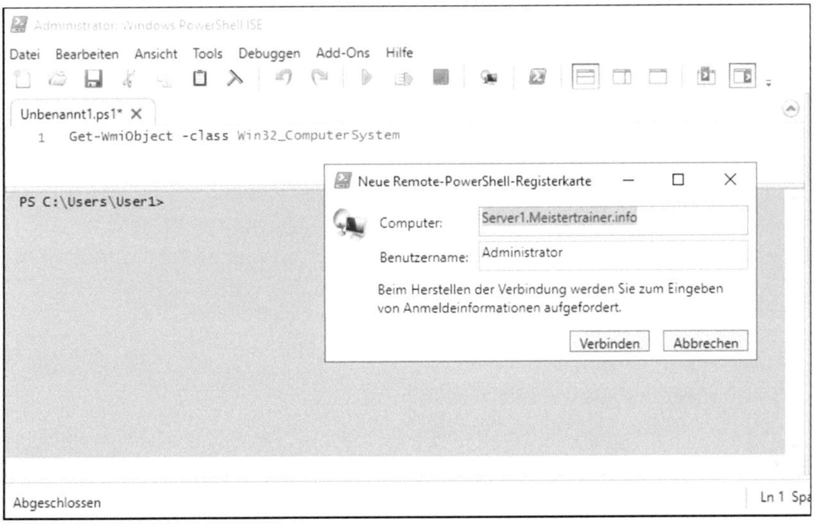

Abbildung 7.2: Remotesitzung wird aufgebaut

Nun arbeite ich mit der PowerShell am Remotecomputer, was Sie am Hinweis in den eckigen Klammern sehen.

Am Remoterechner kann ich nun alle PowerShell Cmdlets und Skripte ausführen.

7.2 PowerShell für andere Betriebssysteme

Am Anfang dieses Buchs haben Sie gehört, dass die PowerShell nun auch für andere Betriebssysteme erhältlich ist, und nicht mehr auf Windows beschränkt ist.

Mittlerweile gibt es die PowerShell auch für MacOS und Linux. Microsoft hat damit einen großen Schritt zur einheitlichen Konfiguration aller Systeme gemacht.

Um Ihnen dies zu demonstrieren, habe ich hier einen Ubuntu Server in der Version 20.04.

Auf ihm werde ich nun PowerShell 7 installieren und starten.

Zunächst öffne ich die Bash und aktualisiere die Liste der Updates
sudo apt-get update

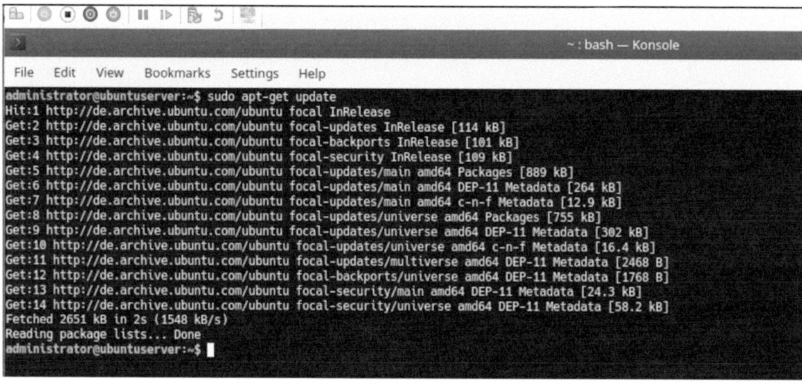

Abbildung 7.3: Updateliste wird aktualisiert

Danach installiere ich die verfügbaren Pakete
sudo apt-get install -y wget apt-transport-https software-properties-common

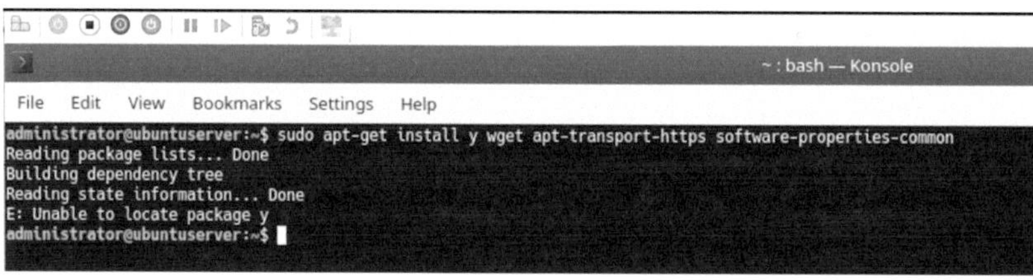

Abbildung 7.4: Pakete werden installiert

Nun muss der öffentliche Schlüssel für die Microsoft-Produkte heruntergeladen werden.

wget -q https://packages.microsoft.com/config/ubuntu/20.04/packages-microsoft-prod.deb

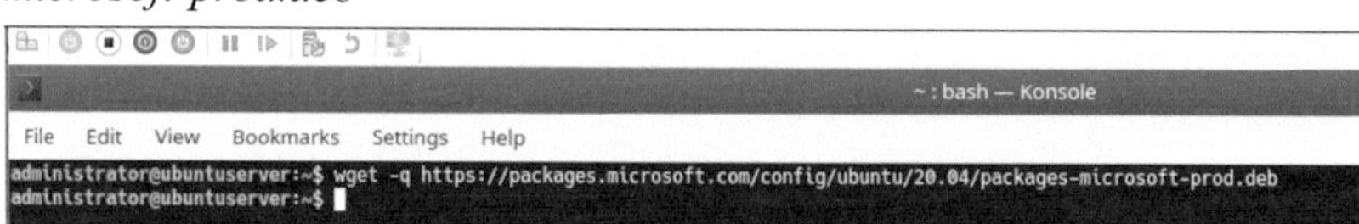

Abbildung 7.5: Download öffentlicher Schlüssel

Dieser Schlüssel wird nun registriert.

sudo dpkg -i packages-microsoft-prod.deb

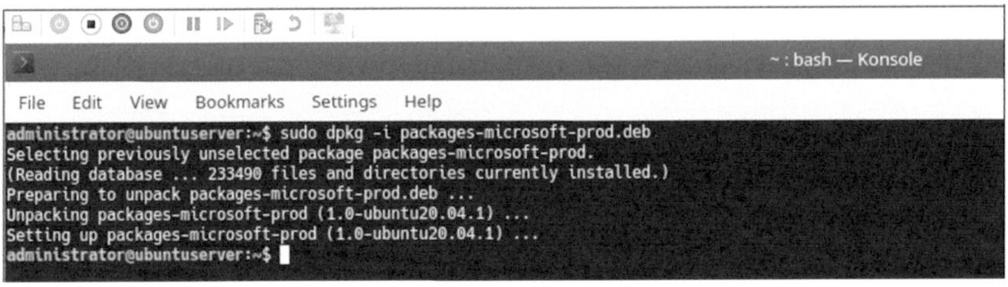

Abbildung 7.6: Registrierung des Schlüssels

Nun wird die Liste der verfügbaren Updates erneut aktualisiert

sudo apt-get update

Die Programmpakete und zugehörige Metadaten werden aktiviert

sudo add-apt-repository universe

Jetzt kann die PowerShell installiert werden

sudo apt-get install -y powershell

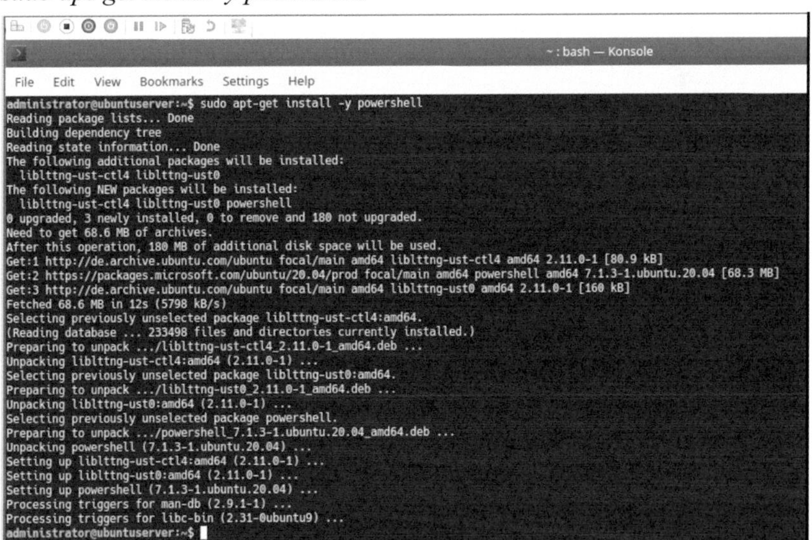

Abbildung 7.7: PowerShell wird installiert

Danach können Sie die PowerShell starten mit

Pwsh

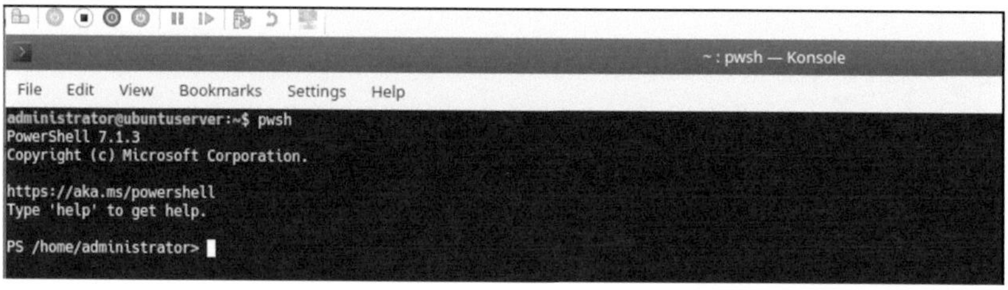

Abbildung 7.8: PowerShell wird gestartet

Mit der PowerShell können Sie nun fast genauso arbeiten, wie wir es auf den Windows-Systemen gesehen haben.

Noch stehen etwas weniger Cmdlets zur Verfügung, das liegt daran, dass das plattformübergreifende .Net noch etwas weniger Funktionen hat als das reine Windows-basierte .NET Framework.

Daran wird aber gearbeitet.

Als Beispiel möchte ich die Variable $PSVersionTable auslesen.

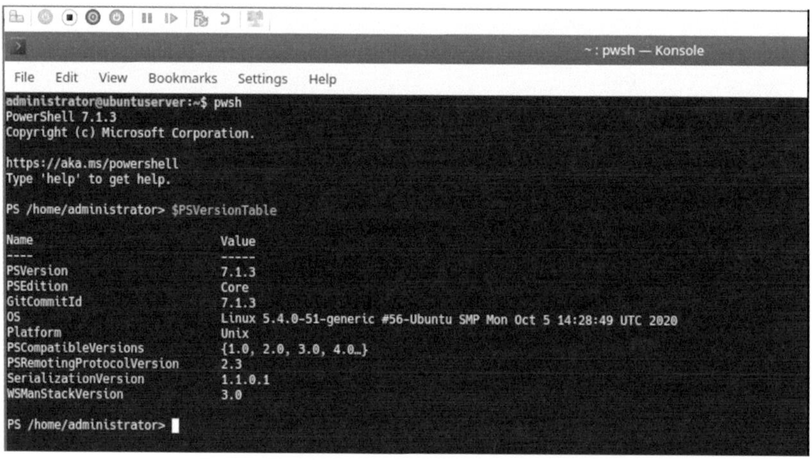

Abbildung 7.9: $PSVersion

Hier können Sie deutlich erkennen, dass wir mit der PowerShell Version 7 arbeiten, und uns auf einem Linux-System befinden.

Probieren Sie ruhig aus, was mit PowerShell auf Linux möglich ist.

Index